Beatrice von Weizsäcker
Vaterunser

Beatrice von Weizsäcker

VATERUNSER

Gebet meiner Sehnsucht

FREIBURG · BASEL · WIEN

Unruhig ist mein Herz, bis es ruht in dir.
Augustinus

© Verlag Herder GmbH, Freiburg im Breisgau 2023
Alle Rechte vorbehalten
www.herder.de

Satz: ZeroSoft SRL
Herstellung: GGP Media GmbH, Pößneck
Schmuckelement im Innenteil: © Devita ayu silvianingtyas / shutterstock

Printed in Germany

ISBN Print 978-3-451-39491-1
ISBN E-Book 978-3-451-82948-2

Inhalt

Vorwort 7

Vater unser im Himmel 12
Gott in Jerusalem • Radikale Sehnsucht • Jesus glauben • Glaube, Hoffnung – Liebe? • An den Nagel gehängt • Glaube, Hoffnung, Sehnsucht • Die Sucht der Sehnsucht • Das Windspiel • Mein Gott in allen Dingen

Geheiligt werde dein Name 32
Grüß Göttin • Gott oder G*tt oder Gott* oder Gott+? • Wenn ein Mann einen Mann liebt und eine Frau eine Frau ... • Gott braucht keinen Genderstern • Ich bin, der ich bin • Ich bin der Ich-bin-da • Abba, Vater • Das Heilige • Der Heilige Geist • Die heilige (?) katholische Kirche • Was mir heilig ist • Dein heiliger Name

Dein Reich komme 55
Heimweh nach Gott • Frohe Botschaften: Menschenwürde und Nächstenliebe • Unfrohe Botschaften: die Verlassenheit • Unfrohe Botschaften: die Überforderung • Unfrohe Botschaften: die Verzweiflung • Beten in nimmersatter Sehnsucht • Dein Reich, mitten unter uns

Dein Wille geschehe 67
Gottes Wille • Um Gottes willen ... • Nicht was ich will, sondern was du willst • Sein Wille, mein Trost

Wie im Himmel so auf Erden 77
Im Himmel? Panik, Sternschnuppen und Schwarze Löcher • Auf Erden? Der blinde, taube Gott und seine Gnade • Zwischen Himmel und Erde • Auf Erden! Dein Reich. Dein Wille

Unser tägliches Brot gib uns heute 91
Tränenbrot in Israel • Brot des Himmels • Das Geheimnis der Kunst, das Geheimnis des Glaubens • Dein Brot, das ist ... • Gib es heute, gib es jetzt

Und vergib uns unsere Schuld 103
Das Kinderherz • Vergib, vergib mir alles • Kein Meer ist tief genug • Das Herz Gottes

Wie auch wir vergeben unseren Schuldigern ... 114
„wie auch"? • Die Conditio sine qua non • Die Quadratur des Kreises • Kriminalgericht, Saal 500 • Wenn Vergebung zum Verrat wird • Die verlorene Tochter • Der barmherzige Vater • „damit auch"!

Und führe uns nicht in Versuchung 127
Von kleinen und großen Versuchungen • Die Versuchung, den Glauben zu verlieren • Gott stellt keine Fallen • Von guten Versuchungen

Sondern erlöse uns von dem Bösen 137
Das doppelte Böse • Das Böse, in mir • Das Selbstgespräch und der Glaube auf der Couch • Das Böse, der Mensch • Das Böseste, der Tod • Ich will dabei sein, wenn ich sterbe

Denn dein ist das Reich und die Kraft 148
Dein Reich, in Ewigkeit • Deine Kraft, in Ewigkeit • Die Trotzkraft • Mehr Kraft, als ich habe

Und die Herrlichkeit in Ewigkeit 159
Nebel = Leben • Ende gut, alles gut ... • Glaubst du das? • Das große Finale: die Herrlichkeit • Die große Fanfare: die Ewigkeit • Jesus, deine Buchstaben • Mein Bekenntnis zu Gott

Mein Vaterunser 171

Dank 173

Quellen und Literatur 174

Vorwort

Die meisten kennen seinen Namen, doch nur wenige dürften ihn benutzt haben. Die Rede ist vom Paternoster, dem Aufzug. Der Lift hat mehrere Kabinen, die vorn offen sind, so dass man ein- und aussteigen kann. Die Kabinen hängen an einer Kette, die sich beständig im Kreis dreht. Kommt eine Kabine oben oder unten an, wendet sie und wird in den anderen Schacht gelenkt.

So geht es immer rauf und runter.

Der Clou ist der Ursprung des Namens. Er kommt vom Rosenkranz. Dort folgt auf zehn kleinere Ave-Perlen, bei denen jeweils ein Ave Maria gebetet wird, eine größere Paternoster-Kugel für das Vaterunser. „Paternoster" deshalb, weil es das lateinische Wort für „Vaterunser" ist. Da wie beim Rosenkranz das Vaterunser beim Paternoster die Kabinen eingefädelt sind, heißt die Rosenkranzkette auch Paternosterschnur.

Damit endet aber auch schon die Ähnlichkeit zwischen einem Paternoster und dem Vaterunser.

Das Vaterunser ist das bekannteste Gebet der Christenheit. In jedem Gottesdienst kommt es vor, in katholischen, orthodoxen und evangelischen. Es ist das Gebet, das alle christlichen Konfessionen eint. Weil Jesus es gebetet hat – für uns. Weil es von ihm stammt. Und für uns ist. Weil er es uns gelehrt hat.

Die Bibel kennt zwei Überlieferungen des Vaterunsers. Die eine, kürzere, steht bei Lukas, die andere, uns geläufige, bei Matthäus.

Vorwort

Herr, lehre uns beten, wie auch Johannes seine Jünger beten gelehrt hat!, bittet ihn im Lukasevangelium einer der Jünger. Und Jesus sagt: *Wenn ihr betet, so sprecht: Vater, geheiligt werde dein Name. Dein Reich komme. Gib uns täglich das Brot, das wir brauchen! Und erlass uns unsere Sünden; denn auch wir erlassen jedem, was er uns schuldig ist. Und führe uns nicht in Versuchung!* (Lk 1,1–4) Mehr nicht. Nur diese fünf Sätze.

Ganz anders bei Matthäus (Mt 6,5 ff.). Hier ist das Vaterunser keine Antwort auf die Bitte eines Jüngers, sondern steht im Zentrum der Bergpredigt. So richtet sich Jesus nicht nur an seine Jünger, sondern an alle. Auch seine Vorrede unterscheidet sich erheblich: *Wenn ihr betet, macht es nicht wie die Heuchler! Sie stellen sich beim Gebet gern in die Synagogen und an die Straßenecken, damit sie von den Leuten gesehen werden. Amen, ich sage euch: Sie haben ihren Lohn bereits erhalten*, sagt Jesus, bevor er die Jünger lehrt, wie sie beten sollen. *Wenn du betest, geh in deine Kammer, schließ die Tür zu; dann bete zu deinem Vater, der im Verborgenen ist! Dein Vater, der auch das Verborgene sieht, wird es dir vergelten. Wenn ihr betet, sollt ihr nicht plappern wie die Heiden, die meinen, sie werden nur erhört, wenn sie viele Worte machen. Macht es nicht wie sie; denn euer Vater weiß, was ihr braucht, noch ehe ihr ihn bittet.* Erst danach kommt er zum Vaterunser.

Es ist nicht das Wie, das mich beschäftigt, die Belehrungen Jesu, nicht wie die Heuchler zu beten oder wie die Heiden zu plappern. In diese Versuchung gerate ich erst gar nicht. Nie im Leben käme ich auf die Idee, an Straßenecken zu beten, in der Öffentlichkeit, wo mich die Leute sehen können. Schon die Vorstellung ist mir unangenehm. Ich will Gott auch nichts vormachen, wenn ich bete. Im Gegenteil: Selten bin ich ehrlicher als im Gespräch mit ihm. Außerdem glaube ich nicht, dass er mich nur erhört, wenn ich viele Worte mache. Ich bin sicher, dass er auch meine kleinen Stoßgebete hört, die im stillen Kämmerlein.

Es ist das Warum, das mich umtreibt.

Warum soll ich noch beten, wenn Gott doch weiß, was ich brauche? Wenn er es sogar vor mir weiß? Wenn er mein Gebet kennt, bevor ich weiß, worum ich bitten will – und warum ich überhaupt beten möchte?

Weil ich ein Mensch bin wie alle und Jesus uns kennt. Unsere Schwächen. Unsere Fahrigkeit. Unser Durcheinander. Unsere Ablenkbarkeit. Unsere Zerstreutheit. Unsere Ähnlichkeit mit einem Windspiel, das sich dreht und wendet je nachdem, wie der Wind gerade weht. Und Jesus weiß, dass wir Worte brauchen. Ein Gerüst, wenn wir wanken. Ein Ritual, das uns hält. Darum schenkte er den Jüngern sein Gebet; den Jüngern und uns:

Vater unser im Himmel,
geheiligt werde dein Name.
Dein Reich komme.
Dein Wille geschehe
wie im Himmel so auf Erden.
Unser tägliches Brot gib uns heute.
Und vergib uns unsere Schuld,
wie auch wir vergeben unseren Schuldigern.
Und führe uns nicht in Versuchung,
sondern erlöse uns von dem Bösen.
Denn dein ist das Reich und die Kraft
und die Herrlichkeit in Ewigkeit.
Amen.

Doch es genügt nicht, das Vaterunser nur zu beten. Zum Gebet gehört auch der Glaube. Und da beginnt das Problem. Da fangen die Fragen an. Denn was sich so einfach anhört, was wir Sonntag für Sonntag beten, mal konzentriert, mal nicht bei der Sache, klingt leichter, als es ist.

Jedenfalls für mich.

Was bedeuten denn die ganzen Bitten? Was heißt: dein Reich, dein Wille, unser tägliches Brot? Wie ist das mit der Schuld? Kann ich vergeben? Nicht eine lässliche Sünde, sondern meinem ärgsten Feind? Was heißt, vergib uns unsere Schuld wie auch wir vergeben unseren Schuldigern? Muss ich vergeben, damit Gott mir vergibt? Schaffe ich es, nicht in Versuchung zu geraten? Glaube ich an Erlösung? Was ist „das Böse"? Mit anderen Worten: Glaube ich, was ich bete? Ist es nicht eine heillose Überforderung, im wahren Wortsinn, ohne Heil und Heilung?

Das will ich wissen. Ich will verstehen, was ich bete. Und ich will glauben, was ich bete. Auch wenn ich das nicht immer kann. Ich will das Vaterunser beten können, ohne zu lügen. Ich will es beten und nicht schweigen müssen.

Jesus kennt den Zweifel, und das ist mein Glück. An einer anderen Stelle der Bibel und in einem ganz anderen Zusammenhang fragt Jesus einmal: *Glaubst du das?* (Joh 11,26) Es geht um die Auferweckung des Lazarus. Vier Tage schon hatte Lazarus im Grab gelegen. Als Marta, die Schwester des Lazarus, hörte, dass Jesus kommen würde, lief sie ihm entgegen. Jesus sagte zu ihr: *Ich bin die Auferstehung und das Leben. Wer an mich glaubt, wird leben, auch wenn er stirbt, und jeder, der lebt und an mich glaubt, wird auf ewig nicht sterben.* Und dann stellt er diese Frage: *Glaubst du das?*

Marta konnte glauben, und sie glaubte, und Jesus ging zum Grab und rief: *Lazarus, komm heraus!* Und Lazarus kam heraus.

Einmal ganz abgesehen davon, wie bewegend die Episode ist, ist es diese Frage, die eine neue, eine erlösende Kraft in sich birgt: *Glaubst du das?*

Jesus bleibt Jesus, der Sohn Gottes, ob ich glaube oder nicht. Das Vaterunser bleibt sein Gebet, ob ich es verstehe oder nicht. Ob ich Fragen habe oder nicht. Gott wird nicht von mir weichen. Dessen bin ich mir gewiss.

In der Freiheit, die in der Frage *Glaubst du das?* steckt, will ich beten und fragen und ergründen und weiterbeten, auch wenn ich zweifele. Und am Ende, wenn ich das Vaterunser betrachtet und bedacht haben werde, werde ich hoffentlich glauben, was ich bete. Das jedenfalls ist mein größter Wunsch. Das ist meine Sehnsucht.

Damit es bei meinem Vaterunser anders als beim Paternoster nicht immer rauf und runter geht, sondern nur in eine Richtung. Aufwärts. Nach oben.

Richtung Himmel.

Vater unser im Himmel

Vater unser im Himmel ... So beginnt das Gebet, das die ganze Christenheit kennt. Doch kaum ausgesprochen, fangen meine Fragen an. Zum „Vater" und zum „unser". Wer ist der „Vater" im Vaterunser? Ein Mann? Und wieso „unser"? Gehört Gott uns? Was ist mit den anderen Religionen? Können die ihn nicht ebenfalls für sich beanspruchen, wenn Menschen ihres Glaubens zu „ihrem" Gott beten?

*

Gott in Jerusalem

Es war in Jerusalem, im April 2022. Endlich war es wieder möglich, ins Gelobte Land zu reisen, in das so schwierige, so heißgeliebte Sehnsuchtsland. Corona war noch nicht vorbei, und es war Ramadan. Touristen gab es wenige, aus beiden Gründen. Anders als beim letzten Mal besuchten wir nur Jerusalem, wobei „nur" und „Jerusalem" ein Widerspruch in sich ist.

Alles war anders dieses Mal.

Das lag sicher an der Unterkunft, diesmal nicht außerhalb der Stadtmauer, sondern mittendrin, im Österreichischen Pilger-Hospiz an der Via Dolorosa. In Ostjerusalem, im arabischen Teil. Jeden Morgen weckte uns der Ruf des Muezzins. Jeden Abend feierten die Menschen laut und fröhlich Ramadan, vor allem in der „Nacht der Bestimmung". Tausende junge Leute zogen durch die engen Gassen der old City und riefen ausgelassen „Allahu Akbar", Gott ist größer. Und wir drei mittendrin. Und nichts, aber auch gar nichts war daran beängstigend.

Dass die Stadt so anders war, lag natürlich auch an den fehlenden Touristen. Seltsam leer waren die Kirchen, ungewohnt und wunderbar. Keine Schlangen vor der Grabeskirche, in der ich bis in die Nacht blieb, in der ich lange vor dem Grab saß, hineingehen konnte, wann ich wollte, in der ich jede Verästelung auf den verschiedenen Ebenen der Kirche erkundete und mich wieder vor das Grab setzte und nichts tat – außer da zu sein. Nach einer Weile kannte man sich, die Andächtigen, die Staunenden, die vor dem Grab knienden Mönche, die um sich schauenden Umherwandelnden, die betenden Nonnen. Und ich. Ein behutsames Kopfnicken, ein freundlicher Blick, ein herzliches Lächeln. Mehr nicht.

Gänzlich menschenleerer waren die anderen Kirchen, die wir besuchten. Niemand außer uns in der Todesangstbasilika im Garten Gethsemane, mit dem Felsen, auf den sich Jesus geworfen hatte. Nur wir in der Kirche Dominus Flevit auf dem Ölberg mit ihrem schönen Blick auf die Stadt. Kein Mensch außer uns in St. Anna mit ihrer unglaublichen Akustik, so dass nur wir uns hörten, als wir sangen.

Jerusalem hatte ein anderes Gesicht. Und wir hatten keine Eile. Alles war anders. Offener die Stadt, offener auch ich. Nicht gehetzt durch eine To-do-Liste. Nicht fixiert auf einen Must-see-Plan. Sondern frei.

Frei für Neues, für Menschen, für Begegnungen, wie es sie nur in Jerusalem geben kann, zufällige vor allem. Zwei sind mir besonders in Erinnerung geblieben.

Da war die Frau an der Westmauer, die mich fröhlich ansah, als ich dort stand, mir eine Karte mit einem Gebet in die Hand drückte und sagte: „Jewish or not Jewish, it works for everybody!", so dass ich mich zu ersten Mal traute, ganz nach vorne zu gehen und die Hand an die Klagemauer zu legen, um zu beten. Und niemand wunderte sich.

Da war der Mann, der auf den Stufen neben einem Gedenkstein mit arabischem Schriftzug saß. Ich erinnere mich gut an den Stein. Ich hatte ihn entdeckt, als wir auf dem Weg zu einem Abendessen waren, zu dem ein Freund uns eingeladen hatte. Unscheinbar ist der Stein. Etwas abseits des Gehwegs liegt er. Ich blieb ein Weilchen dort. Warum, das weiß ich nicht. Beim Essen erzählte uns der Freund, der seit Jahren in der Nähe wohnt, den Hintergrund: Es ist ein Mahnmal für einen palästinensischen Jugendlichen, den drei junge Israelis 2014 als Vergeltung für den Tod dreier israelischer Schüler verschleppt, mit Benzin übergossen, angezündet und bei lebendigem Leibe verbrannt hatten. Und ein Schauer lief mir über den Rücken.

Auf dem Rückweg begleitete uns der Freund. Die anderen waren vorgegangen, wir beide, unser Gastgeber und ich, gingen langsamer, ins Gespräch vertieft. Auf der Höhe des Steines saß ein Mann dort auf den Stufen. Und schaute auf die Straße. Als wir stehenblieben, sprach der Mann uns an. „I am his uncle", sagte er leise. Genau hier, auf den Stufen, habe sein Neffe gesessen, während er auf seinen Vater gewartet hatte, der in der Moschee gewesen war. „They stole him", flüsterte er fast. Und ich denke an Fritz, meinen Bruder, der uns gestohlen wurde. Im November 2019. Genauso sinnlos. Und mir kamen die Tränen.

Da blickte der Mann nach oben. „We believe", sagte er. „He is with God." Und wir falteten unsere Hände. „We also believe", sagte mein Begleiter, der Priester ist.

So waren wir beieinander, wir drei. Und schauten in den Himmel. Ganz kurz nur verharrten wir so an dem Ort der Katastrophe; drei Menschen, die der Zufall zusammengebracht hatte. Im Gebet vereint.

*

Als wir wieder in München waren, fragte ich mich:
Wessen Gott ist nun der richtige: Jahwe, Allah oder Gott?
Wem gehört der „Vater unser", zu dem wir beten?
Und wer hat recht?
Welche Religion stimmt? Das Judentum, der Islam oder das Christentum?
Und wer betet richtig?

Die, die winzige Zettel in die Klagemauer stecken? Oder die, die in der Grabeskirche auf dem nackten Boden knien? Die, die im Ramadan ausgelassen „Allahu Akbar" rufen? Oder die, die die Via Dolorosa entlangpilgern, mit einem großen Kreuz an der Spitze ihres Zuges? Die, denen das Gebet im Halse stecken bleibt vor Angst? Oder wir drei, die wir am Gedenkstein standen und Richtung Himmel schauten?

Solche Fragen stellen sich in Jerusalem nicht. Hier leben die Menschen ihren Glauben und lassen die anderen ihren leben.

Ich vermute, Gott gefällt das. Denn egal, wie man ihn nennt, Jahwe, Allah oder Gott. Und egal, wie man betet, vor der Westmauer, Richtung Mekka oder unter dem Kreuz: Gott gehört niemandem.

Der „Vater unser", zu dem wir beten, ist nicht *unser* Vater. Sondern der Vater aller, die an ihn glauben. Er ist der Adressat jeder Sehnsucht. Auch meiner.

Radikale Sehnsucht

Vater unser im Himmel – schon in diesen ersten vier Worten steckt meine Sehnsucht. Denn der Himmel ist weit weg. Es ist die Sehnsucht nach Nähe und Schutz. Nach Vergebung und Nachsicht. Nach Angenommensein und Angekommensein. Nach Heimat. Nach Ruhe. Nach Heilung und Heil. Es ist die Sehnsucht nach Gott.

Meine Sehnsucht ist groß. Sie kann radikal sein. Zuweilen ist sie so gewaltig, dass ich mir wünsche, sie könne die Gewalten sprengen, die mich beengen. Und mir wünsche, dass nichts zwischen Gott und mir ist. Kein Priester, keine Kirche, keine Regeln, keine Dogmen, keine Gebote, erst recht keine Verbote, nicht die Bibel, ja noch nicht einmal mein Glaube. Ich will nicht, dass er mir in die Quere kommt und meinen Weg zu Gott behindert.

Ich will nicht glauben, weil es dazugehört.
Ich will nicht glauben, weil ich es soll.
Ich will kein „du sollst" und kein „du sollst nicht".
Ich will nicht glauben, weil ich sonst unterginge.
Ich will nicht, dass ich den Glauben brauche.
Ich will unabhängig von ihm sein.
Ich will keinen Glauben, der mein letzter Strohhalm ist.
Ich will keinen Strohhalm, durch den Gottes Lebenssaft fließt.
Ich will leben.
Ich will nicht daran denken müssen, was ich glaube.
Ich will nicht, dass der Glaube mir im Weg steht.
Ich will Gott gehören.
Ich will nicht glauben, dass mich von Gott nichts trennt.
Ich will, dass uns nichts trennt.

Ich will nicht glauben, dass Gott da ist.
Ich will, dass er da ist.
Im Grunde will ich gar nicht glauben.
Sondern sein.
Ich will „sein" sein, ohne glauben zu müssen.
So, wie es Jesaja sagt: Du bist mein.

Nichts und niemand soll zwischen Gott und mir stehen. Bis auf Jesus, der mir zeigt, wie ich das schaffe. Auf dass ich weiß und nicht bloß glaube, dass der Vater im Himmel hier auf Erden ist. Bei mir.

Das will ich von Jesus. Dem Mittler. Und Weg.

Jesus glauben

Jesus kennt die Verzweiflung, die Sehnsucht *(mein Gott, mein Gott, warum hast du mich verlassen?).* Jesus, der Mensch, der Gottessohn. Er kann mir helfen, weil er beides ist. Er kann mir den Weg zeigen, weil er selbst den Weg gegangen ist. Ihm kann ich vertrauen, ihm kann ich glauben, weil er all das kennt, was in mir ist. Und mich nimmt, wie ich bin. Ich muss mir nur die Sätze vor Augen führen, die er gesagt hat und die auch mir gelten.

Jesus sagt:
Komm zu mir, die du dich abmühst und belastet bist; ich will dir Ruhe schenken. (nach Mt 11,28)
Bitte und es wird dir gegeben. Suche und du wirst mich finden. Klopf an und ich werde dir öffnen. Denn wenn du bittest, empfängst du. Und wenn du suchst, findest du. Und wenn du anklopfst, wird dir aufgetan. (nach Mt 7,7–8)

Selig bist du, die du traurig bist, selig, wenn du weinst. Denn ich werde dich trösten. (nach Mt 5,4)
Jetzt bist du traurig. Aber ich werde dich wiedersehen. Dann wird sich dein Herz freuen und deine Freude nimmt dir niemand weg. (nach Joh 16,22)
Ich bin das Licht der Welt. Wenn du mir folgst, wirst du gewiss nicht in der Finsternis umhergehen, sondern das Licht des Lebens haben. (nach Joh 8,12)
Ich bin die Auferstehung und das Leben. Glaub an mich und du wirst leben, auch wenn du stirbst. Weil du lebst und wenn du glaubst, wirst du in Ewigkeit nicht sterben. (nach Joh 11,25–26)
Das alles sagt Jesus. Eine Zusage nach der anderen. Ein Zuspruch froher als der andere. Wie unwirklich das klingt. Und wie gut es tut. Die Sehnsucht, sie ist weg. Das alles gilt auch mir? Genüge ich, das zu verdienen? Ach, wenn ich das doch bloß glauben könnte.

*

Und dann fragt Jesus auf einmal: *Glaubst du das?* (Joh 11, 27)
Das ist der Satz, den ich von allen am meisten liebe. Dass Jesus mich fragt, ob ich das glaube. Dass er nicht enttäuscht ist, wenn ich das nicht kann. Dass er mich ernst nimmt, wenn ich Fragen habe. Dass er zu mir hält, wenn ich zweifle. Dass er mich nicht fallen lässt, egal, was ist. Dass er da ist, auch wenn ich außer meiner Sehnsucht nichts zu bieten habe.

Sonst würde er die Frage ja nicht stellen.

Jesus weist mir neue Wege. Er selbst, durch seine Frage: „Glaubst du das?" Er ist auf meiner Seite, auch wenn ich „Nein" antworte. Denn selbst dann öffnet er mir seine Tür. Selbst dann tröstet er mich. Selbst dann lässt er sich finden. Selbst dann gehe

ich nicht im Finsteren. Selbst dann habe ich das Licht des Lebens. Selbst dann schenkt er mir Ruhe. Und mein Herz wird sich freuen.
Und ich werde in Ewigkeit nicht sterben.
Wenn Jesus mich wieder einmal fragt: „Glaubst du das?", will ich ihm antworten: „Ja, das glaube ich." Weil ich ihm glauben will.

Glaube, Hoffnung – Liebe?

Eine der bekanntesten Bibelstellen neben dem Vaterunser ist vermutlich Vers 13 aus dem 1. Korintherbrief. Das ist der mit der Liebe, die die größte ist und niemals aufhört, das „Hohelied der Liebe", wie es bei Luther heißt. Ich habe keine Ahnung, wie viele Brautleute diese Worte schon für sich gewählt haben, für wie viele Taufen oder Konfirmationen sie verwendet wurden. Ich weiß nur, dass alle sie mögen; jedenfalls alle, die ich kenne. Ich auch. Und dann auch wieder nicht.
Glaube, Hoffnung, Liebe, diese drei ... aber die Liebe?

*

Wenn es in meinem Leben hart auf hart kam, spielte die Liebe keine Rolle. Die Hoffnung dafür umso mehr. Ich erinnere mich gut an eine Sitzung des Gemeinsamen Präsidiums, im Oktober 2008. Es ging darum, das Leitwort für den Ökumenischen Kirchentag 2010 in München zu finden. Zwei Begriffe standen im Zentrum unserer Überlegungen, die Liebe und die Hoffnung. Und wie das so ist bei solchen Sitzungen, ist nicht die Sitzung entscheidend, auch wenn dort entschieden wird, sondern das nächtliche Beieinandersein.

Wir waren vielleicht sieben, acht Leute, als wir uns spät am Abend in der Küche unseres Tagungsortes in Neuendettelsau wiederfanden. Und redeten. Lange stand es 1:0 für die Liebe. Bald aber hielten sich Hoffnung und Liebe die Waage. Am Ende obsiegte die Hoffnung. „Damit ihr Hoffnung habt" hieß schließlich das Leitwort.

Vier Monate zuvor war mein älterer Bruder Andreas in München gestorben. Nur vier Tage bevor das Gemeinsame Präsidium zum ersten Mal zusammenkam, am 13. Juni 2008. Einen Moment hatte ich überlegt, ob es mir noch gelingen würde, meinen Aufgaben als Präsidiumsmitglied gerecht zu werden oder ob ich meinen Platz nicht besser einer anderen zur Verfügung stellen sollte.

Ich blieb.

Nie werde ich die konstituierende Sitzung in München-Fürstenried vergessen, die kleinen Gesten der anderen, den Halt, den sie mir gaben, obwohl wir uns noch gar nicht kannten. Immer denke ich daran, wenn ich Richtung Süden unterwegs bin und an dem schönen Exerzitienhaus des Erzbistums vorbeikomme.

Auch die Tagung in Neuendettelsau ist mir unvergessen. Weil ich hier zum ersten Mal nachdachte und mit anderen darüber sprach, was wirklich zählt, worauf es ankommt, wenn jemand stirbt.

Natürlich ist es wichtig, dem Sterbenden zu zeigen, dass man ihn liebt. Dass man ihn so sehr liebt, dass man alles, aber auch alles für ihn (oder sie) tun würde. Doch am Ende ist es die Hoffnung, die zählt. Auch wenn der Kampf schon verloren geglaubt schien, immer wieder kam ein Hoffnungsfunke auf. Auch wenn der Bruder schon aufgeben wollte und ich ihm versprach, an seiner Seite zu bleiben und zu helfen, egal, was er will: Kaum kam ein Arzt ins Krankenzimmer, leuchtete die Hoffnung in den Augen meines Bruders auf. Wir beide hofften. Wir klammerten uns an jeden Hoffnungsstrohhalm, war der auch noch so dünn. Das ist es wohl, was man Instinkt nennt, Lebenswille. Er steckt in uns, ob wir wollen oder nicht. Und so hofften wir und hofften wir – vergebens.

Die Hoffnung war das Lebenselixier. Die Hoffnung war der Grund, warum wir nicht aufgaben. Die Hoffnung. Nicht der Glaube. Oder die Liebe.

*

Glaube, Hoffnung, Liebe ...

Die Liebe ist wichtig in einer solchen Zeit, wichtig vor allem für die, die nicht betroffen sind, die „nur" begleiten. Man muss absehen von sich, will man für den anderen da sein. Man muss erkennen, dass es keine Rolle spielen darf, ob man sein Leid ertragen kann. Man muss Mitleid haben, ohne zu leiden. Das geht nicht ohne Liebe. Denn wer nicht liebt, der kann nicht helfen. Wer nicht liebt, erträgt die Qualen nicht, die der geliebte Mensch aushalten muss. Die Angst, die Schmerzen, die Enttäuschungen und die Wut.

An den Glauben glaubten wir nicht mehr. An einen Glauben, der behauptet, dass Gott den Krebs besiegen kann. Denn das war offensichtlich falsch. „Dein Wille geschehe?" Den Glauben hatten wir verloren. Den Glauben an einen „Vater unser", der dem Bruder hilft.

Prophetisches Reden (der Ärzte) hatte ein Ende, Zungenrede (von Menschen, die es gut meinten) verstummte, Erkenntnis (der Medizin) verging. Und selbst wenn wir prophetisch hätten reden können und alle Geheimnisse gewusst und jede

Erkenntnis gehabt hätten; wenn wir alle Glaubenskraft besessen und damit Berge hätten versetzen können – ohne die Hoffnung wären wir nichts gewesen.

Für jetzt blieben Hoffnung, Hoffnung, Hoffnung, diese eine. Die Hoffnung war die größte. Denn die Hoffnung hörte niemals auf.

Bis zum Schluss.

An den Nagel gehängt

Mit dem Bruder starb auch meine Hoffnung. Und die Sehnsucht begann. Die Sehnsucht nach dem Menschen, den ich mein Leben lang gekannt hatte. Mit dem mich mehr verband als mit fast allen anderen. Kein Tag vergeht, an dem er nicht in meinem Leben ist. Das ist keineswegs nur schmerzlich. Wenn ich etwa die Kunstwerke betrachte, die er für mich geschaffen hat, schmunzele ich immer über seinen feinsinnigen Humor.

Eines mag ich ganz besonders. Es ist ein Schlittschuhpaar mit langen Schnürsenkeln und einem Nagel, der dazugehört; alles weiß, bis auf den Nagel. Die Schlittschuhe sind aus geschöpftem Papier, aus Gesetzesblättern des 19. Jahrhunderts, um genau zu sein. Wenn man näher hinschaut, sieht man die alten Paragrafen. Das Kunstwerk trägt den Namen „An den Nagel gehängt".

Das ist die Geschichte, die dahintersteckt: Nachdem ich Rechtswissenschaften studiert, das Referendariat absolviert und die Promotion hinter mich gebracht hatte, fiel die Mauer in Berlin. Kurzerhand schob ich die Juristerei beiseite und zog nach Berlin. Ich wollte Journalistin werden. Ich hatte das Recht „an den Nagel gehängt", um in der Bildersprache meines Bruders zu bleiben. Auch dass Andreas Schlittschuhe gewählt hatte und nicht etwas anderes, kommt sicher nicht von ungefähr. Im Journalismus muss man schnell sein und beweglich. Und das auf glattem Boden.

Seine Schlittschuhe hängen über meinem Schreibtisch. Sie sind wie ein Geheimcode zwischen ihm und mir. Ein Schmunzel-Code. Sie sind ein Kleinod meiner Sehnsucht.

2008, dem Jahr, in dem er starb, fing meine Sehnsucht an. Als uns elf Jahre später, am 19. November 2019, auch noch Fritz, mein jüngerer Bruder, genommen wurde, wuchs sie ins Unermessliche. Dort haust sie nun.

Und der Titel „An den Nagel gehängt" bekam eine weitere Bedeutung. Es die Hoffnung, die ich an den Nagel gehängt hatte. Erst beim einen Bruder. Dann beim anderen.

Glaube, Hoffnung, Sehnsucht

Ich sehne mich aber nicht nur nach den Brüdern. Ich sehne mich nach mehr. Es ist ein Sehnen nach dem Wesentlichen, dem Unbegreiflichen, dem Unermesslichen. Es ist ein Sehnen nach dem, auf das es ankommt, und dem, auf den es ankommt. Es ist ein Sehnen nach Geborgenheit und Halt, nach Zuversicht und Sicherheit. Es ist das Sehnen, beten zu können, und nach einem festen Glauben. Es ist die Sehnsucht nach Gott.

Sie ist da, ob ich will oder nicht. Dagegen bin ich machtlos. Manchmal kommt sie überraschend, vermeintlich ohne Grund. Manchmal will ich sie nicht haben, doch das schert die Sehnsucht nicht. Aufmüpfig ist sie. Eigen-willig ist sie, als habe sie einen eigenen Willen und führe ein eigenes Leben. Eines, das trotzdem zu mir gehört.

Manchmal merke ich nichts von ihr. Und manchmal sehne ich mich nach ihr. Ja, selbst das. Es gibt Zeiten, da sehne ich mich nach der Sehnsucht.

Ich kenne eine Geschichte über die Sehnsucht nach der Sehnsucht, die mir gut gefällt. Die geht so:

Ein junger Jude geht zu einem Rabbi und sagt: „Ich möchte gerne dein Jünger werden." Der Rabbi antwortet: „Das kannst du, aber zuerst musst du mir eine Frage beantworten: Liebst du Gott?" Der Schüler überlegt kurz. „Lieben? Das kann ich eigentlich nicht behaupten." Worauf der Rabbi sagt: „Wenn du Gott nicht liebst, hast du vielleicht Sehnsucht danach, ihn zu lieben?" Der Schüler überlegt wieder. „Manchmal spüre ich die Sehnsucht recht deutlich, Gott zu lieben. Aber meistens geht meine Sehnsucht im Alltag unter." Der Rabbi zögert erst, dann sagt er: „Wenn du die Sehnsucht, Gott zu lieben, nicht so deutlich spürst, hast du dann Sehnsucht danach, Sehnsucht zu haben?" Da hellt sich das Gesicht des Schülers auf: „Genau das habe ich. Ich sehne mich danach, Sehnsucht zu haben, Gott zu lieben." Zufrieden sagt der Rabbi: „Das genügt, du bist auf dem rechten Weg."

Ich mag die Geschichte, weil sie so erleichternd ist. Es genügt, wenn ich mich danach sehne, Sehnsucht zu haben. Denn so geht es mir oft.

*

Ich glaube, dass meine Sehnsucht nicht aus mir und auch nicht von ungefähr kommt, sondern von Gott. Ich glaube, dass er sie schon in der Schöpfungsgeschichte angelegt hat, bei der Erschaffung des Menschen. „Lasst uns Menschen machen als unser Bild, uns ähnlich!", heißt es da. *Ähnlich*. Nicht *wie er*.

Trotzdem strebt der Mensch danach, Gott so nah wie möglich zu sein, näher, als es das „Ähnlich" möglich macht. Darum sehnt sich der Mensch nach Gott.

Ich auch.

Gott hat die Sehnsucht in mein Herz hineingetan, wie er auch die Ewigkeit in mein Herz gelegt hat; nur kann ich Gottes Werk nicht ergründen, weder Anfang noch Ende (vgl. Koh 3,11). Doch ich ahne es. Ich sehne mich danach, weil ich es ahne. Das will Gott. Das ist seine Absicht. Er will, dass ich ihn suche, so wie er nie aufhört, mich zu suchen.

Meine Sehnsucht nach Gott kommt von Gott, so merkwürdig das klingt. Sie hält mich lebendig. Sie lässt mich nicht aufgeben, allen Widrigkeiten zum Trotz. Solange ich mich sehne, lebe ich. Und solange ich lebe, werde ich mich sehnen.

Augustinus prägte einst den Satz: „Die Sehnsucht Gottes ist der lebendige Mensch." Anders gesagt, Gott will, dass wir leben. Er will, dass wir lebendig sind. Er will, dass wir lebendig leben. Danach sehnt er sich.

Für mich gilt Augustinus' Satz auch umgekehrt: „Die Sehnsucht des Menschen ist der lebendige Gott." Ein Gott, der lebt, der mich erlebt und mit mir lebt. Ein Gott, ohne den ich nicht leben kann und auch nicht leben will. Ein Gott, der mich lebendig hält. Danach sehne ich mich.

Darum kann ich den Vers aus dem Korintherbrief mühelos umdichten, so dass aus dem „Hohelied der Liebe" das „Hohelied der Sehnsucht" wird. Und aus der Trias „Glaube, Hoffnung, Liebe" der Dreiklang „Glaube, Hoffnung, Sehnsucht": „Die Sehnsucht hört niemals auf. Prophetisches Reden hat ein Ende, Zungenrede verstummt, Erkenntnis vergeht. Denn Stückwerk ist unser Erkennen, Stückwerk unser prophetisches Reden; wenn aber das Vollendete kommt, vergeht alles Stückwerk. Für jetzt bleiben Glaube, Hoffnung, Sehnsucht, diese drei; doch am größten unter ihnen ist die Sehnsucht."

Die Sucht der Sehnsucht

Dem Wort nach ist Sehnsucht mehr als Sehnen. In ihr steckt auch die Sucht. Manchmal ist das Sehnen stärker, manchmal die Sucht. Beides ist mir wohl vertraut. Das Sehnen nach Gott. Und die Sucht.

Doch es ist keine Sucht, wie man sie kennt. Keine, die das Ziel hat, mich zu betäuben; keine, deren Zweck es ist, aus meiner Welt zu fliehen, mich abzuschotten und dem Leben zu entkommen, vielleicht weil es zu viel ist, mich überfordert und ich glaube, es nur in diesem Zustand aushalten zu können. Es ist keine Sucht, der am andern Tag der Kater folgt, das schlechte Gewissen, ein Unwohlsein und das Verlangen, mich wieder zu betäuben, weil sonst die Panik zurückkommt. Die Panik vor dem Leben.

Nichts von alledem.

Auch ich bin süchtig, das ist wahr. Doch nicht nach Giftstoffen, die ich zu mir nehmen kann. Meine Droge ist Gott. Nach ihm bin ich süchtig.

Meine Sehnsucht ist keine Folge von Überforderungen – abgesehen von der Überforderung, Gott zu finden, weil sich Gott nur ansatzweise finden lässt und immer ein Zu-Wenig bleibt. Ich will mich auch nicht berauschen, sondern wach bleiben für seine Gegenwart. Ich will nicht fliehen, sondern in seiner Nähe sein. Meine Sucht ist keine Flucht, denn mein Ziel ist es, anzukommen. Ihr Sinn ist nicht Betäubung. Im Gegenteil, hellwach will ich sein, meine Sinne will ich schärfen, mein

Hören, mein Sehen, damit ich ahnen, damit ich staunen, damit ich glauben kann.

Das ist es, was Gott will. Er sehnt sich danach, dass der Mensch wach und lebendig ist. Gott sehnt sich nach uns. Und wenn beides aufeinandertrifft, seine Sehnsucht nach mir und meine Sehnsucht nach ihm, kommen wir zusammen. Meine Sehnsucht ist darum nie sinnlos. Sie ist der Anfang meiner Gebete. Und sie hat ihren Platz. Sie ist der Ort, an dem Gott und ich uns begegnen. An dem wir uns finden. Er und ich.

Ich bin süchtig nach Gott, weil ich ohne ihn nicht leben kann. Ich bin süchtig nach Gott, weil ich von ihm abhänge. Ich bin süchtig nach seinen Zeichen und nach Antworten. Meine Sucht nach Gott ist darum eine gute Sucht, so paradox das klingt. So ist das eben mit Gott: Gott ist seltsam. Und das ist gut.

Ich habe auch keine Angst, dass meine Sucht entdeckt wird. Im Gegenteil: Alle sollen wissen, dass ich süchtig bin. Nach Gott.

Das Windspiel

Als mein Bruder Andreas Ende der 70er Jahre aus Thailand wiederkam, brachte er ein Glockenspiel mit. Er hatte seinen Entwicklungsdienst abbrechen müssen, weil er krank geworden war. Er wurde wieder gesund, galt als geheilt, gar als medizinisches Wunder, wie die Ärzte sagten. Bis Jahre später das Rezidiv kam und alles von vorn anfing. Und das Wunder ausblieb.

Seither denke ich an ihn, wenn ich ein Glockenspiel höre. Nicht eines, wie es das Rathaus am Münchner Marienplatz hat, das Tag für Tag Touristen aus aller Welt anlockt, die nicht genug bekommen können vom Tanz der Figuren und den schönen Klängen. Es sind auch keine Glocken, wie man sie aus Kirchen kennt. Bei Lichte betrachtet sind es überhaupt keine Glocken, sondern kleine, mittlere und größere Klangrohre, die an Fäden hängen.

Seit einigen Jahren habe ich selbst so ein Spiel. Oben ist eine hölzerne Tragscheibe, an der die Klangrohre hängen. Unten ein eckiges Holz, auch das hängt an einem Faden, in der Mitte ein runder, hölzerner Schlägel, der die Rohre berührt, wenn man sie anstupst. Oder der Wind durch sie weht. Dann klingen sie. Wind und Holz und seidene Fäden. So wie er war, der Künstlerbruder.

Sein Leben.

Darum liebe ich den Wind. Ich öffne die Fenster, wenn er weht, damit er hereinkommt in die Wohnung, damit er hindurchziehen kann auf seiner Reise, von der niemand weiß, wo sie beginnt und wo sie endet. Und leise Töne hinterlässt. Wie kleine Sehnsuchtsmelodien. Nachts klingen sie wie Himmelsglocken, als würden Engel mit dem Wind spielen.

Der Wind, der Wind, das himmlische Kind ...

*

Hänsel und Gretel, auch sie sind Bruder und Schwester. Geholfen hat es ihnen nicht, als sie an das Häuslein kamen, an dem sie sich satt essen wollten und auf einmal eine Stimme hörten, die rief: „Knusper, knusper, knäuschen, wer knuspert an meinem Häuschen!", und sie antworteten: „Der Wind, der Wind, das himmlische Kind." Und die Tür aufging und eine steinalte Frau herausgeschlichen kam, die böse Hexe, die Kindern auflauerte und ihr Knusperhäuslein nur gebaut hatte, um sie herbeizulocken. Erst am Ende konnten die Geschwister entkommen. „Lieber Gott, hilf uns doch!", hatte Gretel gebetet. Und eine List erdacht, die die beiden rettete. Als hätte Gott Gretel gehört.

Der „Vater unser". Im Märchen der Gebrüder Grimm.

Wenn der Wind durch unsere Wohnung weht und kleine Töne zaubert, kommt es mir manchmal vor, als wolle Gott mir etwas sagen. Als würde er flüstern: Ich bin da. Ich soll dich grüßen. Manchmal stürmt er auch. Und weht die Traurigkeit davon.

Der Wind, der Wind, ein Gotteskind. Das ist kein Märchen.

Es hat Jahre gedauert, bis ich herausfand, dass es gar kein Glockenspiel war, das der Bruder mitgebracht hatte. Sondern ein Windspiel. Ein Windspiel bei mir. Ein Windspiel von ihm.

Windspiele gelten in Thailand als Glücksbringer.

Mein Gott in allen Dingen

Ich brauche Gott. Ich suche Gott. Die ganze Zeit. In allen Dingen. Ich glaube doch! Ich will doch glauben! Und dann gelingt es nicht.
Manchmal ist mein Glaube so tief, dass ich ihn nicht sehe.
Manchmal ist er so weit weg, dass ich ihn nicht finde.
Zuweilen ist er tief verborgen.
Unter der Geschäftigkeit.
In der Abgrundtiefe meines Lebens.
So tief, dass ich nicht mehr weiß, was Glaube ist.
Verschüttet in meinem Einerlei.
Und meine Gebete scheitern.

Vater unser im Himmel

Und meine Sehnsucht wächst.
Ich schwimme und träume und treibe dahin.
Und ich sehne mich weiter.
Ich sehne und suche.
Und tappe im Dunkeln.
Doch ich höre nicht auf.
Am Tag nicht
und auch nicht in der Nacht.
Ich kann mich dagegen wehren.
Ich kann fortlaufen,
kann mich verstecken.
Und verkriechen im Tagesallerlei.
Ich höre nicht auf.
Nie.
Und auf einmal weiß ich, warum das so ist. Und ich werde wieder froh. Denn ich weiß, was dahintersteckt. Es ist der Glaube. Mein tiefer Glaube. Und ich weiß auch, wer dahintersteckt. Es ist Gott. Er allein.
Woher ich das weiß? Die Sehnsucht hat es mir verraten.

*

Und so bete ich:

Vater unser, der du niemandem gehörst,
auch uns nicht, wenn wir beten „Vater unser".
Ich habe Glaube, Hoffnung, Sehnsucht, diese drei;
doch am größten ist meine Sehnsucht nach dir.
Gott, du Begründer meiner Sehnsucht,
hilf mir,
wenn meine Sehnsucht überhandnimmt,

und ich vor lauter Sehnen übersehe, was ich suche.
Denn meine Sehnsucht bist du,
der lebendige Gott.
Und deine Sehnsucht bin ich,
der lebendige Mensch.
So ist die Sehnsucht unser Ort.
An ihm begegnen wir uns.
Du und ich.
Lass mich dich finden.

Geheiligt werde dein Name

Geheiligt werde dein Name ... So geht es im Vaterunser weiter, und schon gerät man in die nächste Zwickmühle. Wer ist Gott? Was ist „sein Name"? Müsste es nicht heißen „ihr Name"?

Fangen wir bei der Musik an, bei der Schöpfung von Joseph Haydn. Eines der schönsten Stücke kommt am Schluss des zweiten Teils, der mit der Erschaffung des Menschen endet: „Vollendet ist das große Werk, des Herren Lob sei unser Lied! Alles lobe seinen Namen, denn er allein ist hoch erhaben! Alleluja! Alleluja!"

Wieder und wieder erheben sich die Stimmen und singen im Wechsel „denn er allein! ... ist hoch erhaben!". Und wenn das letzte Alleluja erklingt, bleibt man stehen; regungslos, andächtig, erfüllt, als sei man dabei gewesen bei der Schöpfung, bei der Vollendung des großen Werkes. Und man hat Gänsehaut am ganzen Körper. „Alles lobe seinen Namen", fürwahr. Wer Haydns Schöpfung singt, stimmt voller Freude in das Loblied ein. Denn des Herren Lob *ist* unser Lied.

Aber wer ist „der Herr"?

Der Herr ist Gott, natürlich. *Der HERR ist der Gott im Himmel droben und auf der Erde unten, keiner sonst*, heißt es schon bei Mose (Dtn 4,39). *Der HERR allein ist Gott*, singt der Psalmist (Ps 100,3). 36-mal kommt „Gott" in Haydns Schöpfung vor. Im Vaterunser nie. Da ist er der „Vater unser".

Doch wie spricht man ihn an? Da scheiden sich die Geister.

Grüß Göttin

Es gab mal eine Kunst-Aktion in Österreich. 2008 konzipierte die Bildhauerin und Philosophin Ursula Beiler ein Schild mit den Worten „GRÜSS GÖTTIN", heute steht es am Kreisverkehr der Autobahn-Einfahrt Innsbruck Mitte. Es ist ein wunderbares Schild. Natürlich gab es Ärger in Tirol. Welcher Mann will das schon auf sich sitzen lassen?

In Deutschland sind manche Männer genauso humorlos. So klagte im Jahr 2022 ein VW-Mitarbeiter gegen das Gendern, bloß weil er in Ruhe gelassen werden wollte, das Gendern verletze ihn in seinen Persönlichkeitsrechten, behauptete er. Als hätten die Gerichte sonst nichts zu tun. – Natürlich verlor er.

Das Gendern ist vielen ein Dorn im Auge. Überwiegend ältere Männer bezeichnen es gern „als Wichtigtuerei von Leuten, die von Sprache keine Ahnung haben". Zwischen dem natürlichen und dem grammatischen Geschlecht bestehe nicht der geringste Zusammenhang. Es ist so absurd, dass ich es schon wieder lustig finde.

Natürlich verstehe ich das Bedürfnis, das vor allem Frauen dazu treibt, den Genderstern oder den Unterstrich zu verwenden. Die Gleichberechtigung ist wichtig, gerade beim Wort. Ich teile das Anliegen, Sichtbarkeit zu erzeugen. Ich teile den Wunsch, Barrieren zu überwinden. Ich teile die Forderung, auch in der Sprache für Gerechtigkeit zu sorgen. Ich teile das Bedürfnis, von der männlich geprägten Öffentlichkeit wegzukommen.

Denn die Sache ist durchaus ernst. Sprache ist verräterisch. Sprache sensibilisiert. Sprache bildet. Sprache schafft Wirklichkeit. Darum bin ich unbedingt fürs Gendern.

Nur nicht bei Gott. – Göttin hin, Göttin her.

Gott oder G*tt oder Gott* oder Gott+?

Die Bibel kennt nur einen, das ist Gott. Auch im Vaterunser gibt es nur den „Vater unser". Viele Menschen sehen das anders. Vor allem Frauen diskutieren darüber, ob Gott als „Gott" genügt. Ob nicht auch bei Gott ein Genderstern dazugehört, wahlweise in der Mitte (G*tt) oder am Ende (Gott*). Oder ein Pluszeichen (Gott+). Viele verwenden die Zeichen. Übrigens auch Männer.

Auch ich bin für Gleichberechtigung und Gerechtigkeit, besonders im kirchlichen Bereich. Wenn es darum geht, wie die Kirche Menschen behandelt, die römisch-katholische, um genau zu sein. Nicht nur, weil sie meine Kirche ist. Sondern auch und vor allem, weil hier so viel im Argen liegt, dass es für die Betroffenen kaum auszuhalten ist, seien sie dort angestellt, seien sie Mitglieder.

Wie tief der Schmerz gehen kann, wenn die Kirche sich anmaßt zu sagen, was Sünde ist und was nicht, wer willkommen ist und wer nicht, wer dazugehört und wer nicht, zeigt ein Gebet, das ich einmal in Auszügen auf Twitter fand. Es stammt von Robin, „nichtbinäre*r Theologiestudent*in". Dass Robin evangelisch ist, ändert nichts an dem Befund.

Mit diesen Worten hatte Robin den Text eingeleitet: „Ich war grundsätzlich happy mit Gott, und ich wollte Theologie studieren. Und dann habe ich realisiert, dass ich trans bin. … Ich wusste, dass ich Queerness nicht wegbeten kann, also habe ich es auch nicht versucht. Aber ich habe für ein Zeichen gebetet. Für ein Zeichen, dass ich okay bin. Dass ich trotzdem Christ*in sein kann. Dass Gott mich noch liebt. Das Zeichen kam nie. Und weil queer sein, trans sein, nichtbinär sein, ein so zentraler Teil meines Ichs ist, war klar, dass ich es nicht ändern kann. Also hasst Gott mich."

Dann folgte das Gebet, dessen Anfang jedenfalls. Ich schrieb Robin und fragte, ob ich es verwenden darf. Da schickte mir Robin den ganzen Text.

Gott, ich habe Angst. Dich zu verlieren. Dein Wort zu verfälschen. In die Hölle zu kommen. Verloren zu gehen. Verloren zu sein.
Du hast mich bei meinem Namen gerufen, aber ich bin trans*.
Du hast versprochen, bei mir zu sein, aber sie sagen, ich bin Sünde.
Du hast mich als dein Ebenbild geschaffen, aber sie sagen, ich bin falsch.
Und ich kann nicht mehr. Ihre Worte zerfetzen mein Herz, lassen meine Seele bluten, aber ich habe Angst, dass sie Recht haben.
Bin ich Sünde, Gott? Bin ich falsch?
Ich weiß, dass es nicht so ist, aber wenn du das anders siehst, wer bin ich dann?
Ich bin dein Kind, aber was, wenn ich die zwei Teile meines Herzens nie zusammenbekomme? Wenn ich es wegbeten könnte, ich würde es nicht tun, aber macht mich das sündig?
Ich will dich nicht aufgeben und ich will mich nicht aufgeben, was soll ich also tun?
Du bist da, aber auch für mich?
Ich glaube an dich, Gott, aber wer bin ich, das zu tun? Wer bin ich, dein Wort in den Mund zu nehmen? Und wer bist du, wenn du mich am Ende des Tages nicht liebst? Wer bist du?
Ich weiß nicht, was ich tun soll, also antworte mir, verdammt nochmal. Antworte mir, oder lass mich vom Blitz treffen, denn sonst werde ich diesen Weg weitergehen.
Du hast mich gerufen, glaube ich, aber sie sagen, ich bin Sünde. Also antworte mir. Bitte. Gib mir ein Zeichen, dass du da bist. Bitte, Gott.

„... sie sagen, ich bin Sünde". „... sie sagen, ich bin falsch ...".
„Du bist da, aber auch für mich?" Mir stockte der Atem, als ich es las.

Oft schließe ich Robin in mein Gebet ein, denn ich bin überzeugt, dass Gott auch für Robin da ist. Gerade für Menschen wie Robin. Dass Gott Robin liebt. Nicht erst „am Ende des Tages", sondern immer.

Es ist mein fester Glaube, dass Gott die Menschen nimmt, wie sie sind. Mit ihren Stärken. Und ihren Schwächen. Mit ihren Eigenheiten. Und ihren Besonderheiten. In all ihren Facetten. Und mit ihrem Geschlecht. Gott kennt keinen Personalausweis. Er kennt weder Grenzen noch Schranken. Er sagt nicht, dies ist gut an dir, darum nehme ich dich an. Das ist schlecht an dir, darum lehne ich dich ab. Dieses ist gegen die Bibel, jenes gegen die Natur, ein drittes widerspricht der Norm, darum setze ich dich herab. Nichts von alledem.

Gott kennt keine Vorbehalte, und er hat keine Vorurteile. Er liebt bedingungslos.

Wenn ein Mann einen Mann liebt und eine Frau eine Frau ...

Es gibt einen Psalm, der das besser zum Ausdruck bringt als jeder andere Text, den ich kenne. Der Psalm steht nicht in der Bibel, sondern stammt von einem befreundeten Priester aus dem Bistum Trier. Stephan Wahl heißt er. Er lebt seit Jahren in Jerusalem. „Ich bin, was ich bin – ein LGBTQ-Psalm (aber nicht nur)", heißt sein Text. Es ist ein ungeschminkter Psalm. So lautet er:

Wenn ein Mann einen Mann liebt und eine Frau eine Frau …

*Ich danke Dir, Ewiger, dass ich so bin, wie ich bin,
und nicht so, wie manche mich gerne hätten.
Von Beginn aller Zeit hast Du mich gedacht und gewollt,
eine Facette bin ich Deiner bunten, lebendigen Schöpfung.
Als Dein Ebenbild hast Du den Menschen geschaffen,
Du, der Du das Leben selbst bist in all seiner Fülle.
In Dir pulsiert die Liebe in all ihren Formen,
ein ewiger Quell, der niemals versiegt.
Du willst seit Urzeit, dass es gibt, was es gibt,
die Schranken und Grenzen hast Du nicht gemacht.
Das Wort Ebenbild legten die Saftlosen in kalt-eiserne Ketten,
die Flügel der Liebe wollten sie kürzen durch ihre Gesetze.
Doch sie erhebt sich immer wieder, lässt sich nicht zähmen,
unablässig verteilt sie sich in die Herzen der Menschen.
Ihre Funken sprühen, wenn zwei Münder sich finden,
zwei Seelen den Gleichtakt erkennen, das ergänzende Du.
Wenn eine Frau einen Mann liebt und ein Mann eine Frau,
wenn ein Mann einen Mann liebt und eine Frau eine Frau,
tanzt die Liebe Pirouetten mit kraftvoller Leidenschaft,
wenn ein Mensch einen Menschen liebt, so wie er ist.
Wenn ein Mensch Körper und Seele in sich versöhnt,
wenn ein Mann sich als Frau fühlt und eine Frau sich als Mann,
fährt die Liebe tollkühn in den Mut, sich offen zu zeigen,
wenn ein Mensch sich sucht und sich endlich dann findet.
Sie alle preisen Dich Ewiger durch ihr farbiges Leben,
Du würdigst die Vielfalt durch Deinen stärkenden Segen.
Doch immer noch leiden Menschen, nur weil sie lieben,
man sperrt sie in Kerker, quält sie, will ihren Tod.
Leg ihren Jägern und Richtern ihr übles Handwerk,
vor Scham vergehen sollen sie, verstummen für immer.
Meine Hoffnung setze ich auf Dich Ewiger, Fülle des Lebens,*

nicht nur träumen will ich, was ich sehnlichst erwarte:
Die Engherzigen werden nicht siegen mit ihrer Verachtung,
ihr Gift verliert seine Kraft, ihr Spott verwundet nicht mehr.
Begeistert erstrahlen sollen alle mit glänzenden Augen,
die Hand in Hand sich gefunden auf ihrem eigenen Weg.
Ihre zärtliche Liebe preist Dich, übersteigt alle Normen,
divers sind Deine Ebenbilder, keins gleicht dem anderen.
Unverwechselbar hast Du, das Leben, alle geschaffen,
ein kostbares Original bin ich mit meinen Ecken und Kanten.
Ich danke Dir Ewiger, dass ich so bin, wie ich bin,
und immer mehr werde, der ich sein darf vor Dir.

Mir geht es wie Stephan Wahl. Ich danke Gott, dass ich so bin, wie ich bin. Ich danke Gott aber nicht mit einem Genderstern. Ich danke Gott. Dass ich sein darf, die ich bin – vor ihm.

Gott braucht keinen Genderstern

Gott braucht keinen Genderstern, und ich brauche keinen für ihn, einmal ganz abgesehen davon, dass ich nicht weiß, wie man Gott mit Genderstern in der Mitte oder am Ende ausspricht (und ich rede mit ihm, ich schreibe ihm nicht). Er braucht auch kein Plus- oder Kreuzzeichen am Schluss seines Namens. Er braucht überhaupt keine Attribute.

All die Anliegen, die ihre Berechtigung in Politik und Gesellschaft ebenso haben wie in der römisch-katholischen Kirche, gehen fehl, wenn es um Gott geht. Gott ist weder Mann noch Frau noch divers. Er hat kein Geschlecht. Und hat keine Gestalt. Er ist und bleibt ein Geheimnis, das unsere Vorstellungskraft übersteigt. Gott wird nicht größer durch einen Genderstern.

Er wird kleiner.

Ich gendere Gott nicht, und ich verwende keine Sonderzeichen für ihn. Nicht, weil im zweiten der Zehn Gebote steht, dass ich mir kein Bildnis von ihm machen soll. Sondern weil es überflüssig ist. Für mich ist Gott „Gott". *Die* feste Burg. *Der* Fels. *Die* Kraft. Und mein Hüter.

Und der schläft und schlummert nicht. Schon gar nicht, wenn es um solche Fragen geht.

Ich bin, der ich bin

Wer wissen will, wie Gott heißt, fragt ihn am besten selbst. Oder schaut in der Bibel nach. Dort steht die Antwort. Und die stammt von keinem Geringeren als ihm. Zu finden ist sie in der Geschichte vom brennenden Dornbusch (Ex 3). Ich mag die Erzählung, weil sie so geheimnisvoll ist, fast wie ein Märchen, und so viel Wahres sagt. Und so voller Überraschungen steckt.

Mose sieht einen Dornbusch mit einer Feuerflamme. *Aber der Dornbusch wurde nicht verzehrt.* Als sich Mose dem Dornbusch nähert, um *die außergewöhnliche Erscheinung* anzusehen, offenbart sich ihm Gott. *Komm nicht näher heran!*, sagt er. *Leg deine Schuhe ab; denn der Ort, wo du stehst, ist heiliger Boden.* Da verhüllt Mose sein Gesicht, *denn er fürchtete sich, Gott anzuschauen.*

Gott beruft Mose, sein Volk aus der Knechtschaft in Ägypten „hinaufzuführen in ein schönes, weites Land, in ein Land, in dem Milch und Honig fließen". „Wer bin ich?", fragt Mose, als hoffe er, ein anderer möge Gottes Geheiß erfüllen. Doch Gott entlässt ihn nicht und sagt nur: „Ich bin mit dir ..." Da entgegnet Mose: „Gut ..."

Sogleich macht er sich Gedanken über die Umsetzung seines Auftrags. Er fragt Gott, was er den Israeliten sagen solle, wenn sie wissen wollten, wie der Gott ihrer Väter heiße, der ihn gesandt habe. An dieser Stelle sagt Gott den entscheidenden Satz, die Antwort auf die Frage, wer er ist: „Ich bin, der ich bin. So sollst du zu den Israeliten sagen: Der Ich-bin hat mich zu euch gesandt."

Mose genügte das als Antwort. Er brauchte keinen Namen für den „Ich bin, der ich bin". Als ahnte er, dass Gott sich nicht auf eine Anrede reduzieren lässt. Als wüsste er, dass Gott größer ist als jeder Name. Weil sich ihm JHWH, der geheimnisvolle Gott, im brennenden Dornbusch offenbart hatte. In dieser außergewöhnlichen Erscheinung. In der Feuerflamme. Mehr wollte er nicht wissen. Mehr musste er auch nicht wissen. Er glaubte – und vertraute.

„Ich bin, der ich bin." Ich bin der „Ich-bin". Das ist Gott. Er ist aber nicht nur der „Ich bin, der ich bin" und auch mehr als der „Ich-bin". Gott ist immer auch der „Ich-bin-da". Bei mir. Für mich.

Immer sagt er, *ich bin da*.

Ich bin der Ich-bin-da

Ich bin da, sagt Gott,
… wenn die Vergangenheit mich nicht in Ruhe lässt
und die Träume mich plagen.
… wenn ich nicht weiß, was die Zukunft bringt
und das Grausen mich überfällt.
Ich bin da, sagt Gott,
… wenn ich Schutz brauche, für andere, für mich

und ich mich ohnmächtig fühle.
… wenn ich mir Sorgen mache und ich mich kümmern will,
aber die Kräfte nicht reichen.
Ich bin da, sagt Gott,
… wenn ich den Überblick verliere
und mich verzettele im Tagesallerlei.
… wenn ich den Wald vor lauter Bäumen nicht sehe
und vergesse, was wichtig ist.
Ich bin da, sagt Gott,
… wenn ich versage
und verzweifelt bin.
… wenn ich müde bin,
und meine Schwachheit über die Stärken siegt.
Ich bin da, sagt Gott,
… wenn es dunkel wird,
und ich nicht glauben kann.
… wenn ich beten will,
aber nicht beten kann.
Immer gibt er mir die Zusage:
Ich bin, der ich bin.
Ich bin der Ich-bin-da.
Ich bin da.
Bei dir.
Für dich.
Ich gebe dich nicht auf.
Auch wenn du es nicht glauben kannst.
Und auf einmal schöpfe ich neuen Mut. Und bekomme neue Kraft.

Abba, Vater

Auch für Jesus ist Gott kein namenloser Gott. Keiner, für den es keine Anrede gibt, weil er keine Anrede braucht. Im Vaterunser nennt er ihn „Vater unser". An anderer Stelle „Abba".

Abba ist das aramäische Wort für „Vater", „mein Vater", „lieber Vater". Kinder sprachen zu Jesu Zeiten ihre Väter mit Abba an. In diesem kleinen Wort zeigt sich die nahe Beziehung zwischen Vater und Kind, ihre innige Verbundenheit. Das Vertrauen, das das Kind zum Vater hat. Und seine Abhängigkeit von ihm. In ihm stecken Zuneigung und Wärme. Zugleich ist der Name auch eine Ehrbekundung. Und so schwingen in dem kleinen Wörtchen *Abba* Nähe und Abstand mit, Vertrautheit und Erhabenheit.

Umso mehr bewegt es mich, dass Jesus als erwachsener Mann, als der dem Tod geweihte Gottessohn ruft: *Abba, Vater, alles ist dir möglich. Nimm diesen Kelch von mir! Aber nicht, was ich will, sondern was du willst.* (Mk 14,36)

Die Szene bewegt mich, seit ich zum ersten Mal in der Todesangstbasilika war, im Garten Gethsemane, oberhalb der Jerusalemer Altstadt. Dort, wo sich der Felsen befindet, auf den Jesus sich geworfen hatte, um zu beten. Nie werde ich das vergessen. Ich war fast allein in der Kirche gewesen, und ich hörte nichts, und ich sah niemanden. Ich sah nur den Felsen. Und ich kniete nieder und legte meine Hand auf den Boden, den Felsen seiner Tränen, und ich betete und weinte … und Jesus war da. Er war da, mit seiner Angst und seinem Flehen, mit seinem Rufen und seinen Tränen. Er war da, mit mir. Wir, er und ich. Ich und er.

Jesus im Garten Gethsemane. Dort, wohin er seine Jünger Petrus, Jakobus und Johannes mitgenommen hatte. Wo ihn

Furcht und Angst ergreifen. Und er zu den Jüngern sagt: *Meine Seele ist zu Tode betrübt. Bleibt hier und wacht!* Und er ein Stück weitergeht, sich auf den Felsen wirft und fleht, dass die Stunde an ihm vorübergehen möge. Und zurückkehrt zu den Jüngern. Und sie schlafen. Und er verzweifelt zu Petrus sagt: *Simon, du schläfst? Konntest du nicht einmal eine Stunde wach bleiben?* Und wieder fortgeht, um zu beten. Und die Jünger schlafen wieder.

Inmitten dieser Szene betet Jesus, *Abba, Vater, alles ist dir möglich ...* Inmitten dieser verzweifelten Lage nennt Jesus den Vater *Abba*. Da ist niemand Jesus näher als Gott. Da sehnt sich Jesus nach keinem mehr als nach seinem himmlischen Vater. Wie ein Kind, das in seiner Hilflosigkeit nach dem Vater ruft und alle Hoffnung darauf setzt, dass er ihm hilft, wendet sich Jesus an Gott. Wie ein Kind ruft er *Abba*. Er ruft ihn mit dem Namen, der seine ganze Sehnsucht nach Gott umschreibt, nach dem Vater, der kommt und ihn rettet. – Wie ein Kind hatte auch ich mich gefühlt, als ich dort war.

Es ist, als hätte sich Jesu Gebet in einem einzigen Wort verdichtet: *Abba*.

Es ist herzzerreißend.

*

Es gibt noch zwei weitere Bibelstellen, bei denen von *Abba* die Rede ist. Paulus verwendet das Wort. Den Römern schreibt er: *Ihr habt nicht einen Geist der Knechtschaft empfangen, sodass ihr immer noch Furcht haben müsstet, sondern ihr habt den Geist der Kindschaft empfangen, in dem wir rufen: Abba, Vater!* (Röm 4,15) Und zu den Galatern sagt Paulus: *Weil ihr aber Söhne seid, sandte Gott den Geist seines Sohnes in unsere Herzen, den Geist, der ruft: Abba, Vater.* (Gal 4,6)

Doch nirgends erfährt das Wörtlein *Abba* eine solch innige Kraft wie beim Gebet Jesu im Garten Gethsemane. Kurz bevor er ausgeliefert wird. – Und man verzweifelt mit ihm, wenn er spricht: *Abba, Vater, alles ist dir möglich.*

Seither sage auch ich hin und wieder *Abba*, wenn ich Gott anrufe. Wenn ich mich wie ein Kind fühle, das nicht mehr weiterweiß. Wie ein Kind, das sich nach Schutz sehnt. Dann borge ich mir den Namen von Jesus. Dann spreche ich das Wort aus. Aber nie laut.

Ich flüstere es, wenn ich bete:

Vater unser,
du hast mich gerufen
bei meinem Namen,
nun ruf ich dich bei deinem,
Abba …
Du bist der Ich-bin-da.
Sei da, bei mir.
Sei da, für mich.

*

Als ich 2022 bei den Passionsspielen in Oberammergau war, wurde mir auf einmal die Parallele zwischen Mose und Jesus bewusst: Beide hatten gehofft, ihrem Schicksal zu entkommen. Beide hatten ihren Weg angenommen. Beiden wurde die Hilfe Gottes zuteil.

In einem ergreifenden Chor, dessen Text von Christian Stückl, dem Spielleiter, stammt, wird das offenbar. Und was das für mich bedeutet:

Der Israel befreiet hat,
ewig währet seine Gnad
Der Jesus führte aus dem Tod,
der bei uns ist in Angst und Not,
dessen Hand uns alle hält,
wo das Böse uns umstellt,
ewig währet seine Güte!
Sein Erbarmen uns behüte!
Es ist auch das ein Gebet. Eines, das zu Herzen geht.

Das Heilige

Geheiligt werde dein Name ... Was bedeutet nun *geheiligt*?

Das Wort heilig kommt im Glaubensbekenntnis viermal vor. Einmal als Substantiv, bei der „Gemeinschaft der Heiligen", und dreimal als Adjektiv. „Empfangen durch den Heiligen Geist", „ich glaube an den Heiligen Geist", „...die heilige katholische Kirche".

Kein anderes Wort erscheint im Credo so oft wie dieses. Nicht Gott, nicht Vater, nicht Jesus Christus, nicht die Auferstehung, nicht das ewige Leben. Das Heilige spielt beim Glauben offensichtlich eine große Rolle. Und doch gibt es einen kleinen, aber feinen Unterschied. Während beim Geist das Wort großgeschrieben wird, ist es bei der katholischen Kirche kleingeschrieben. Der Geist ist der „Heilige", die katholische Kirche hingegen bloß „die heilige".

Der Heilige Geist ist unangreifbar. Die katholische Kirche ist es nicht.

Der Heilige Geist

Der Heilige Geist ist schwer zu fassen. Vom dreieinigen Gott, Vater, Sohn und Heiliger Geist, ist er am unklarsten. Vater? Ja, darunter kann ich mir etwas vorstellen. Sohn? Natürlich, auch unter Jesus kann ich mir etwas vorstellen. Er ist der Menschen- und der Gottessohn. Aber der Heilige Geist? Was ist das? Und wer?

Der Heilige Geist ist eine göttliche Kraft, hat aber keine Gestalt. Er ist unsichtbar und geheimnisvoll. Er ist da und doch abstrakt. Denn zu sehen gibt es nichts. Der Heilige Geist ist für mich wie ein Wunder.

Das finde ich nicht schlimm, bin ich damit doch in bester Gesellschaft. Schon die Anhänger Jesu reagierten verblüfft, als Paulus sie auf ihn ansprach. Denn als er sie fragt: *Habt ihr den Heiligen Geist empfangen, als ihr gläubig wurdet?*, antworteten sie: *Wir haben noch nicht einmal gehört, dass es einen Heiligen Geist gibt.* (Apg 19,2) Ich mag die Stelle. Weil die Jünger so ehrlich sind.

Es hat lange gedauert, bis ich ahnte, was es mit dem Heiligen Geist auf sich hat. Und erkannte, dass der Geist „heilig" ist, weil er von Gott kommt und weil Gott selbst in ihm ist. Schon die Schöpfungsgeschichte beginnt mit dem Geist. Spätestens wenn man die Vertonung von Joseph Haydn singt, weiß man das. Das Oratorium anzuhören, reicht natürlich auch: „Im Anfange schuf Gott Himmel und Erde, und die Erde war ohne Form und leer, und Finsternis war auf der Fläche der Tiefe. Und der Geist Gottes schwebte auf der Fläche der Wasser, und Gott sprach: Es werde Licht! Und es ward Licht."

Den „Anfang" besingt Raphael. Dann folgt der Chor. Erst ganz leise, zart, piano, pianissimo. „Und der Geist Gottes schwebte auf der Fläche der Wasser ..." Dann macht er immer wieder kleine Pausen „... und ... es ... ward ...", bis er es hinausruft in alle Welt: „LICHT". Auch das Orchester gibt sein Äußerstes. Es ist, als würde sich eine Explosion ereignen.

Hier kommt der Geist Gottes nicht als Taube daher, wie Jesus es nach seiner Taufe erlebt, als sich der Himmel öffnet und er die Stimme Gottes vernimmt: *Dieser ist mein geliebter Sohn, an dem ich Wohlgefallen gefunden habe.* (Mt 3,16–17) Oder als Windhauch, den wir aus der Ostergeschichte kennen, als Jesus seinen Jüngern erscheint und sie anhaucht, bevor er sie verlässt, und ihnen sagt: *Empfangt den Heiligen Geist!* (Joh 20,21) Er kommt auch nicht als Feuerzungen, die sich beim Pfingstereignis auf den Aposteln niederließen, die bis dahin nicht recht wussten, was sie mit der Botschaft Jesu anfangen sollten. Und auf einmal vom Heiligen Geist erfüllt wurden und begannen, in anderen Sprachen zu reden, wie es der Geist ihnen eingegeben hatte, um alsbald begeistert die Frohe Botschaft in die ganze Welt hinauszutragen. Sie waren so erfüllt, dass die Leute dachten, sie seien betrunken (vgl. Apg 2).

Nichts von alledem.

In der Schöpfungsgeschichte wird der Geist Gottes, der erst leise auf der Fläche des Wassers schwebt, zum Urknall. Er schafft das Licht, das Leben. Denn der Geist Gottes *ist* Gott.

Darum ist er heilig. Darum heißt er Heiliger Geist.

Die heilige (?) katholische Kirche

Jesaja kannte sechs Gaben des Heiligen Geistes. Er schrieb sie dem kommenden Messias zu und benannte sie paarweise: *der Geist der Weisheit und der Einsicht, der Geist des Rates und der*

Stärke, der Geist der Erkenntnis und der Furcht des Herrn. (Jes 11,2) Die katholische Kirche kennt eine Gabe mehr: die Frömmigkeit.

Wie es um die katholische Kirche in Deutschland steht, ist hinlänglich bekannt. Darum verzichte ich darauf, auf das Elend, das sie verbreitet und umgibt, im Einzelnen einzugehen. Die Kirchenaustritte legen ein beredtes Zeugnis davon ab.

Die sexualisierte Gewalt, die Schlechterstellung der Frauen, die Missachtung queerer Menschen, der Pflichtzölibat, die Geringschätzung von wiederverheirateten Geschiedenen: Nichts davon zeugt von „Frömmigkeit", nichts davon ist „fromm". Ganz zu schweigen vom mangelnden Reformwillen, der weder Weisheit noch Einsicht noch Erkenntnis offenbart, und schon gar nicht Stärke. Auf den Rat Gottes, dem die Missstände in der Kirche gewiss nicht gefallen, wollen die Verantwortlichen offenbar nicht hören. Und „Furcht" im Sinne von „Ehrfurcht" vor Gott scheinen sie ebenfalls nicht zu kennen.

Was oft vergessen wird in der Debatte, ist, dass die Kirche für die Menschen da ist und nicht umgekehrt die Menschen für die Kirche mit ihren geweihten Amtsträgern. Die Kirche ist nicht ihnen geweiht, sondern Gott. Jesu Worte sind da ganz eindeutig: *Du bist Petrus und auf diesen Felsen werde ich meine Kirche bauen.* (Mt 16,18) Er sagte nicht, auf diesen Felsen sollt ihr *eure* Kirche bauen. Er spricht von *seiner* Kirche. Nur so verdient sie den Namen „heilige katholische Kirche". Sie gehört den Amtsträgern nicht, sie ist ihnen bloß anvertraut. Ihnen und uns allen.

Freilich sind wir fehlbar. Wir sind schwach, eitel, verführbar, berechnend und vereinzelt auch machthungrig. Den meisten fällt es schwer, Fehler einzuräumen. Gott hat die Verantwortlichen in seiner Kirche aber nicht zu Göttern gemacht. Sie sind verantwortlich für das, was geschieht. Sie müssen dafür sorgen, dass Missstände beseitigt werden oder – wichtiger noch – dass es zu Missständen gar nicht erst kommt. In diesem Sinne soll *der Größte von euch euer Diener sein*, wie Jesus sagt. (Mt 23,11) Sonst ist es nicht seine Kirche.

An der Verantwortung allerdings hapert es fast überall. Daran hapert es viel zu oft. So kann die katholische Kirche nicht „heilig" sein.

Manche sprechen von der „Verdunstung des Glaubens", wenn es um die Kritik an der Kirche und die hohe Zahl der Kirchenaustritte geht. Ich glaube nicht, dass das stimmt. Nicht der Glaube verdunstet, denn auch jene, die Kritik üben, und die, die austreten, haben ja nicht notwendigerweise ihren Glauben verloren. Im Gegenteil. Die meisten verlassen ihre Kirche, gerade weil das Verhalten einiger Kirchenvertreter ihrem Glauben widerspricht. Ihrem Glauben an die Jesus-Kirche, die von Nächstenliebe geprägt ist.

Es ist die Kirche, die verdunstet. Erst verdunstet sie sich aus ihrer Heiligkeit heraus. Dann verdunstet sie selbst.

Und das ist viel schlimmer.

Was mir heilig ist

Dabei hat die katholische Kirche alles Zeug, heilig zu sein.

Mir ist sie heilig, wenn sie eine wirkliche Glaubensgemeinschaft ist, mit Betonung auf Glauben *und* Gemeinschaft. Wenn sie den Glauben verkündet, wie Jesus ihn gelehrt hat, und nicht an Machtstrukturen hängt; wenn sie die Menschen ernst und aufnimmt – so wie sie sind, und nicht so, wie sie sie gerne hätte. Mit ihren Ecken und Kanten und mit ihren bunten Farben. Wenn sie Gemeinschaft ist und möglich macht. Eine Gemeinschaft mit Christus und untereinander, ohne Ansehen der Person. Eine Gemeinschaft, in der das Pauluswort gilt: *Ihr alle seid einer in Christus Jesus.* (Gal 3,28) Das ist verbindlich und verbindend. Das ist verständlich und klar. Es gilt allumfassend und alle umfassend.

Mir ist die katholische Kirche heilig, wenn sie sich nicht an die Stelle Gottes setzt. Wenn sie Gottesdienste feiert, die zeigen, dass Gott da ist. Wenn sie sich von Gottes Geheimnis tragen lässt, dem Geheimnis des Glaubens. Eines Glaubens, der Worte übersteigt. Eines Glaubens, der nicht nur den Kopf berührt, sondern auch das Herz. Mit Weihrauch und Wandlung, mit Kerzen und Kreuzzeichen. Dann ist Gott gegenwärtig – und sinnlich erfahrbar. Beim Sehen und Hören, beim Riechen und Schmecken, im Berühren und Berührtwerden.

Darin liegt die eigentliche Kraft der katholischen Kirche. Das ist ihr Schatz. Dadurch entsteht ihre wahre Stärke. So ist sie heilig. Nur so ist sie mir heilig.

*

Ich weiß, wovon die Rede ist, denn ich habe es selbst erfahren. Deshalb bin ich katholisch geworden. Darüber habe ich bereits geschrieben, im Buch mit meinem Freund Norbert Roth. „Haltepunkte. Gott ist seltsam, und das ist gut", heißt es.

Darum zählt auch meine Firmung zu den schönsten Tagen meines Lebens. Jede Minute davon habe ich im Gedächtnis. Natürlich liegt das unter anderem daran, dass ich erwachsen war. An meine Konfirmation als evangelische Christin jedenfalls kann ich mich bei weitem nicht so gut erinnern. Außerdem waren für mich mit vierzehn Jahren ganz andere Dinge wichtig. Die Geschenke. Zum Beispiel.

Wenn ich an meine Firmung denke, ist es, als wäre sie gestern gewesen. Alles ist lebendig. Die Worte des Priesters; das Kreuz, das er auf meine Stirn zeichnete mit duftendem Chrisam-Öl; die Hand der Patin auf meiner Schulter. Der Gesang. Die Lieder, die Mitglieder aus dem Chor für mich darboten. Und das Sanctus, das wir alle sangen – in der Version, die ich am meisten mag, das hatte ich mir gewünscht:

Heilig, heilig, heilig,
heilig ist der Herr!
Heilig, heilig, heilig,
heilig ist nur Er!
Er, der nie begonnen,
Er, der immer war,
ewig ist und waltet, sein wird immerdar.

Wenn mich jemand fragt, was für mich heilig ist, dann ist es dieses *Heilig*. Und meine Firmung. Jede Minute. Die Firmung selbst war das Geschenk. Und alles war heilig.

*

Pandemiebedingt konnten wir im Mai 2020 niemanden zu uns einladen, um zu danken und gemeinsam zu feiern. Zwei Jahre später holen wir das nach. Auch den Tag werde ich nie vergessen. Denn auch er war ein Geschenk. Und er bescherte mir Geschenke.

Die Freundinnen und Freunde aus dem Chor gaben mir ein Kreuz mit einem roten Schmuckband. Rot als Farbe Christi. Doch das ist nicht das einzig Besondere daran. Das Kreuz selbst ist das Wunder. Man kann es weder bestellen noch irgendwo kaufen. Weil es aus Versehen entstanden ist. Zufällig. „Ein Abfallprodukt", wie die befreundete Goldschmiedin mir später verriet. Als Überbleibsel einer anderen Arbeit.

Die Goldschmiedin hatte einen Ring mit einem Stein geformt. Damit der Stein nicht herausfällt, hatte sie Goldbänder über den Stein gelegt, einen senkrecht, einen quer, und einen Goldring darum gewunden. Die Bänder waren nicht Teil des Rings, sondern dienten als Halterung. Als sie den Stein aus der Halterung löste, hielt sie die ineinander verschmolzenen Bänder in den Händen. Und da war es: das Kreuz. Ein Kreuz, das sich in einem Kreis befindet. Dem Zeichen der Unendlichkeit. Es war ein heiliger Moment, sagte sie. Das *ist* heilig.

Alle, die gekommen waren, um mit uns die Firmung nachzufeiern, nahmen nun nacheinander das Kreuz in die Hand und segneten es. Eine jede, ein jeder mit einem eigens für mich herausgesuchten Spruch. Einige Sätze kannte ich, andere waren selbst geschrieben. Bewegenderes habe ich selten erlebt. Denn jeder Vers hatte auch etwas mit denen zu tun, die ihn mir zusprachen.

Ja, es stimmt, was der Priester bei der Firmung gesagt hatte: „Es sind immer auch Menschen, die zum Sakrament werden, die Gottes Nähe vermitteln. ... Das ist doch im Kern unsere Berufung als Getaufte, als Gemeinde Jesu: mit anderen Menschen gehen, mit offenen Armen auf sie zugehen und ihnen ... eine Heimat anbieten, um miteinander zu glauben, zu leben, zu weinen, zu feiern und auch das Unaussprechliche auszuhalten."

Seither trage ich das Kreuz um den Hals. Jedes Mal, wenn ich es berühre, denke ich an einen der Segenssprüche. Denke ich an Gott. Denke ich an die Firmung. Denke an die Sakramentsmenschen aus meiner Kirche.

Und alles daran ist mir heilig.

Dein heiliger Name

Wenn es im Vaterunser heißt, *geheiligt werde dein Name*, bedeutet das, dass Gottes Name das Allerheiligste ist, sagte einmal ein Pfarrer in einer Predigt. Das leuchtete mir gleich ein. Denn diese Zusage steckt darin: Ich werde mit dir sein. Ich werde mich als der erweisen, der mit dir ist. Das allein ist schon heilig. Das ist sehr heilig.

Gottes Namen am Anfang des Vaterunsers zu ehren, bedeutet nicht nur, dass alles mit Gott beginnt, sondern auch, dass alles damit beginnt, Gott zu loben und ihn zu preisen. Dass sich sein Name über die ganze Welt und über jeden Menschen wölbt. Dass Gott immer da ist. Und dass er handelt. Deswegen spreche ich die Worte, *dein Reich komme. Dein Wille geschehe. Wie im Himmel, so auf Erden*. Denn Gott ist überall, auch wenn ich ihn nicht sehe. Auch wenn ich die Worte, die ich bete, nicht verstehe. Auch wenn ich Fragen über Fragen habe. Ich heilige seinen Namen.

Weil er heilig ist.

*

Und so bete ich:

Abba, lieber Vater,
du bist der Ich-bin-da,

wenn ich dich brauche.
Du bist heilig,
du bist mir heilig,
weil du meine Wunden heilst.
Mit allem kann ich zu dir kommen,
weil du mir Heil und Heilung bringst,
so wie ich bin.

Dein Reich komme

Dein Reich komme ... Darunter kann ich mir wenig vorstellen. Was soll das sein, sein Reich? Ein Territorium? Ein Gebiet? Gibt es so etwas wie ein räumliches Reich Gottes überhaupt? Das glaube ich nicht. Ein Raum hat Grenzen. Gott ist grenzenlos. Oder ist es Herrschaft? Das glaube ich auch nicht. Herrscher wollen Macht. Herrscher regieren. Herrscher sind autoritär. Manche Herrscher sind sehr bedrohlich. Sie drohen ihrem Volk, wenn es nicht gehorcht, und bedrohen es mit empfindlichen Strafen. Von Gott dagegen geht niemals Gewalt aus. Weder droht er noch bedroht er uns. Oder ist das Himmelreich gemeint? Himmelreich klingt mir verdächtig nach Jenseits, nach Tod und was dann kommt. Nach ewigem Leben. Aber noch lebe ich auf der Erde, in München. Und ich lebe gern hier. Wenn es nach mir ginge, bin ich noch lange nicht tot.

Vielleicht trifft es das Wort Heimat am ehesten.

Heimweh nach Gott

Als ich ein Kind war, hatte ich oft Heimweh. Kaum war ich woanders, fing es an. Ich wollte nach Hause, an die Orte, die ich kannte. Zu den Menschen, die mir vertraut waren.

Später legte sich das.

Dann kam es wieder. Es war ein neues Heimweh, das ich vorher nicht kannte. Es war ein Heimweh nach Orten, die für mich wichtig geworden sind.

Da ist das Kloster St. Ottilien, mein Seelenzuckerl-Ort mit der schönen Klosterkirche; allein sie ist eine Kostbarkeit, in der sicher vieles wertvoll ist, die mir aber aus ganz anderen Gründen wertvoll ist. Umgeben ist sie von einer Landschaft, die direkt der Schöpfung entsprungen scheint, egal zu welcher Uhrzeit. In der Dunkelheit am frühen Morgen, wenn es so leise ist, dass der Tau in den Blättern laut ist wie dicke Regentropfen; etwas später, wenn die wundersamen Nebel über den Feldern schweben und alles geheimnisvoll verhüllen; dann, noch ein wenig später, wenn die Nebel sich heben, der weite Blick bis zu den Alpen; und in der Nacht, wenn der Mond die Kirche wie ein Zauberschatten wirken lässt. Dazu das Leben der Benediktinermönche, ihre Gebete, die den Rhythmus des Tages bestimmen.

Heimweh habe ich auch nach Orten im Heiligen Land, Jerusalem, dem See Genezareth. Orte, an denen mir Jesus begegnete, wenn ich dort war auf meinen Reisen.

Bei Lichte betrachtet stimmt das Wort „Heimweh" nicht. Denn es ist weder Heim noch weh. Eher ist es Fernweh, das ich habe, freilich eines, das nicht weh tut. Tatsächlich ist das richtige Wort Sehnsucht. Es ist eine gute Sehnsucht, weil ich nur Gutes mit den Orten verbinde.

Heimweh nach dem Reich Gottes habe ich nie. Heimweh nach Gott schon eher. Wobei auch dieses Heimweh letztlich Sehnsucht ist. Wenn ich Heimweh nach Gottes Reich hätte, wäre es, als wollte ich dorthin zurück – an einen anderen Ort. Ich will aber hier sein, in meinem Leben. Dort, wo Gott mich hingestellt hat. Oder ist das Reich Gottes womöglich genau hier? Da, wo ich bin?

Gottes Reich ist kein Reich. Es ist weder ein Gebiet, noch geht es um Herrschaft. Und es ist auch – noch – nicht das Jenseits. Die Frage, die sich mir stellt, ist darum nicht, wo oder was Gottes Reich ist, sondern was es ausmacht. Die Antwort scheint mir klar. Es ist das, was Jesus uns gelehrt hat, was er gepredigt hat. Das Evangelium. Die Frohe Botschaft.

Aber ist die Botschaft wirklich immer froh? Und was ist überhaupt die Botschaft, die Kernbotschaft zumal?

Frohe Botschaften: Menschenwürde und Nächstenliebe

Für mich als Juristin ist klar, was die wichtigste Botschaft der Verfassung ist: die Menschenwürde. „Die Würde des Menschen ist unantastbar", besagt Artikel 1 des Grundgesetzes. Damit ist die Würde eines jeden Menschen gemeint, egal, ob deutsch oder nichtdeutsch, ob religiös oder nicht, einerlei welchen Geschlechts, egal, ob krank oder gesund, ob reich oder arm. An der Würde des Menschen muss sich der Staat messen lassen. Das ist sogar verfassungsrechtlich verbrieft: „Sie zu achten und zu schützen ist Verpflichtung aller staatlichen Gewalt." Artikel 1 unterliegt außerdem der sogenannten Ewigkeitsklausel, nach der er nicht abgeschafft, aufgeweicht oder geändert werden darf. Unter keinen Umständen.

Die Unantastbarkeit der Menschenwürde ist die froheste Botschaft, die ein Staat haben kann.

Im Evangelium ist die wichtigste Botschaft die der Nächstenliebe: *Liebe deinen Nächsten wie dich selbst*, sagt Jesus. Auch damit ist jeder und jede gemeint, genau wie im Grundgesetz. Daran muss sich die Kirche messen lassen, obwohl das nirgends festgeschrieben ist. Einer Ewigkeitsklausel bedarf es nicht, da das Evangelium Jesu „unantastbar" ist. Um im Duktus des Grundgesetzes zu bleiben: Das Evangelium zu achten und zu schützen, mehr noch, es anzuwenden, ist Verpflichtung der ganzen Kirche. Das Evangelium allgemein. Und die Nächstenliebe im Besonderen.

Eine christliche Kirche ohne Evangelium ist so undenkbar wie ein Mensch ohne Leben. Es muss der Kirche darum immer und zuallererst um die Frohe Botschaft gehen. Im Umkehrschluss heißt das, dass es ihr bei der Verkündung des Evangeliums nicht, um nicht zu sagen nie um sich gehen darf. Der Pfarrer und Schriftsteller Kurt Marti brachte das einst treffend auf den Punkt: „Ein Gott, der kirchenförmig gedacht wird, hindert die Kirche daran, gottesförmig zu denken." Besser kann man es nicht ausdrücken. Mehr muss man dazu eigentlich auch nicht sagen.

Die Nächstenliebe ist die froheste Botschaft, die eine Kirche haben kann.

Doch was heißt das für uns und speziell für mich? Muss ich mich auch am Evangelium messen lassen? Was, wenn ich das nicht kann? Was, wenn mich die Botschaft nicht froh macht, sondern überfordert?

Unfrohe Botschaften: die Verlassenheit

Wenn ich mir die frohen Botschaften anschaue, die in der Bibel stehen, wird mir manchmal angst und bange. Denn sie verlangen mehr von mir, als ich geben kann. Und sie erfordern einen größeren Glauben, als ich habe. Dann sind sie nicht froh, und dann machen sie mich nicht froh. Dann belasten sie mich.

Das fängt schon bei den Zusagen an, die Jesus uns macht. Eine habe ich besonders im Sinn, sie steht im Matthäusevangelium: *Seht, ich bin bei euch alle Tage bis ans Ende der Welt.* (Mt 28,20)

Ich kenne niemanden, dem dieser Vers nicht gefällt. Viele nehmen ihn als Taufspruch für ihre Kinder. Ich kenne Priester, die ihn als Primizspruch gewählt haben, und evangelische Jugendliche, die ihn für ihre Konfirmation aussuchen. Der Satz klingt ja auch gut. Niemand soll sich fürchten müssen, denn Jesus ist immer bei uns, jeden Schritt geht er mit uns. „Siehe, der Hüter Israel schläft noch schlummert nicht", singt der Chor anstelle der Engel im „Elias" von Felix Mendelssohn Bartholdy. „Wenn du mitten in Angst wandelst, so erquickt er dich", geht es weiter. Ohne diesen Zuspruch könnte ich nicht leben.

Trotzdem verunsichert mich der Satz. Nicht die Worte „alle Tage", denn ich weiß natürlich, dass Jesus auch „alle Nächte" meint. Mein Problem ist der Zusatz „bis ans Ende der Welt".

Und was ist dann? Ist Jesus dann nicht mehr bei mir? Lässt er mich dann allein? Muss ich dann selbst zusehen, wie ich zurechtkomme? Schläft der Hüter Israel, wenn die Welt zu Ende ist? Erquickt er mich nicht mehr, wenn ich Angst habe? Ich bin doch gerade dann in Not, *alle Tage* ...

Theologen können das sicher erklären. Ich bin aber keine Theologin und darum auf die Worte Jesu angewiesen. Auf die Worte, die er gesagt hat. Und dieser Vers, mit dem Matthäus sein Evangelium beendet, irritiert mich. Ich verstehe nicht, was an der Botschaft froh sein soll. Ich fühle mich vielmehr alleingelassen in einer Stunde, in der ich Jesus besonders bräuchte. Ich fühle mich von ihm verlassen. Ausgerechnet dann.

Unfrohe Botschaften: die Überforderung

Des Weiteren irritieren mich etliche der Gebote, die Jesus uns mit auf den Weg gegeben hat. Das fängt schon bei den wichtigsten an.

Du sollst den Herrn, deinen Gott, lieben mit ganzem Herzen, mit ganzer Seele und mit deinem ganzen Denken. Das ist das wichtigste und erste Gebot, heißt es in der Bibel (Mt 22,37–38). Und was ist, wenn ich wütend auf Gott bin? Wenn er mir gestohlen bleiben kann? Oder egal ist? Wenn ich an ihm zweifele? Wenn ich mit ihm hadere? Wenn nichts gelingt in meinem Leben? Wenn sich alles gegen mich zu stellen scheint? Wenn ich mehr tragen muss, als ich tragen kann? Und ich Gott nicht mehr verstehe?

Was dann?

Ebenso wichtig ist das zweite*: Du sollst deinen Nächsten lieben wie dich selbst.* (Mt 22,39) Und was ist, wenn ich mich nicht leiden kann? Wenn ich nicht in den Spiegel schauen kann, weil es mir vor mir graut?

Was dann?

Und wie ist das mit meinem Nächsten, den ich lieben soll? Wer ist das überhaupt? Etwa mein Nachbar, der immer nörgelt? Oder die Frau von gegenüber, die immer schlechte Laune hat? Will ich denen helfen? Muss ich sie etwa lieben? Und fragt vielleicht auch jemand mal, wem ich die Nächste bin?

Manchmal sind die wichtigsten Gebote Jesu keine „Frohe Botschaft" für mich. Dann kappen sie meinen Glauben. Und trennen mich von Gott. Wie soll Gott mich annehmen, wenn ich es noch nicht einmal schaffe, die wichtigsten Gebote einzuhalten ...

Unfrohe Botschaften: die Verzweiflung

Um keinen Deut besser ist es mit den Forderungen aus der Bergpredigt. Auch die bringen mich regelmäßig zur Verzweiflung.

Wer zu ihm (= dem Bruder) sagt: Du Narr!, soll dem Feuer der Hölle verfallen sein. (Mt 5,22) Hatte Jesus keinen Bruder? Kennt er keine Scharmützel unter Geschwistern? Hat er sich nie mit seinen Geschwistern gestritten und sie zum Teufel gewünscht? Noch nicht einmal als Kind?

Schließ ohne Zögern Frieden mit deinem Gegner, solange du mit ihm noch auf dem Weg zum Gericht bist! (Mt 5,25) Weiß Jesus eigentlich, wovon er spricht? Hat er eine Ahnung, was er da von mir fordert? Ich weiß ganz genau, wie es ist, zum Gericht zu gehen. Monatelang habe ich mich von München auf den Weg zur Schwurgerichtskammer am Berliner Landgericht gemacht. Woche für Woche. 2020 war das, bei „unserem" Prozess gegen den Mörder meines Bruders Fritz. Sitzung um Sitzung saßen wir uns gegenüber, der Täter und ich. Nur wenige Meter zwischen uns. Und mit diesem Gegner soll ich Frieden schließen? Ohne zu zögern? Ausgerechnet ich, die Schwester? – Jesus!

Wenn dich einer auf die rechte Wange schlägt, dann halt ihm auch die andere hin! (Mt 5,39) Was soll das nun wieder heißen? Will Jesus vielleicht, dass ich mich umbringen lasse? Dass ich mich auch noch hergebe?

Liebt eure Feinde und betet für die, die euch verfolgen, damit ihr Kinder eures Vaters im Himmel werdet. (Mt 5,44–45) Das kann ich nicht. Wenn jemand deinen Bruder tötet, kannst du ihn nicht lieben. Da bleibt der Täter immer der Feind. Auch wenn er sich davongemacht hat durch seinen feigen Suizid. Das ändert nichts. Ich kann ihn nicht lieben. Und ich will es auch nicht. Gebetet habe ich nie für ihn. Was auch? Dass er Einsicht zeige? Reue? Das tat er nie. Selbst wenn er es getan hätte, hätte das an der Tat etwa etwas geändert? Nein. Nichts. Wenn Jesus will, dass ich diesen Feind liebe und für ihn bete, fordert er mehr von mir, als ich geben kann – und auch bereit bin zu geben. Ich bin schon froh, wenn es mir gelingt, den Täter auf Abstand zu halten. Ihm keine Macht über mein Denken einzuräumen. Mich nicht von ihm und dem Mord beherrschen zu lassen. Mehr ist nicht drin. Wenn Jesus mehr von mir will, damit ich ein Kind des Vaters im Himmel werde, werde ich es eben nicht.

Seid also vollkommen, wie euer himmlischer Vater vollkommen ist! (Mt 5,48) Nach allem, was vorher war, ist das für mich der Gipfel. Denn es klingt wie Hohn. Wenn ich auch vieles bin, eines bin ich sicher nicht: vollkommen. Weder wie der himmlische Vater noch sonst irgendwie. Vollkommen werde ich nie sein.

*

Immer und überall begegnen mir Vorbilder und Ansprüche. Das überfordert mich. Nichts davon kann ich erfüllen, jedenfalls, wenn es mir nicht gut geht. Und vieles auch nicht, wenn es mir gut geht. Was Jesus von mir verlangt, trennt mich von ihm. Es stärkt nicht meinen Glauben. Es schwächt ihn. Es steht meinem Glauben im Weg.

Vielleicht ist das Evangelium ja nur etwas für gut gelaunte Optimisten, bei denen immer alles glatt läuft, die stets obenauf sind, die keine Ahnung haben, wie es ist, schwach zu sein und zu versagen, die keine Zweifel haben und auch keine Niederlagen kennen … Dann ist das Evangelium eben nichts für mich. Dann gibt es halt keine Frohe Botschaft in meinem Leben.

Dann zerfällt allerdings auch mein Glaube.

Dabei brauche ich Gott gerade in Zeiten der Überforderung, ihn und seine Nähe. Ihn und seine Gnade. Ihn und sein Erbarmen. Und ich will nur noch beten. Weil ich nicht erfüllen kann, was sein Sohn von mir verlangt. Dann kann ich nichts anderes mehr tun, als zu beten.

Beten in nimmersatter Sehnsucht

Das ist mein Gebet:

Jesus, ich will meinen Nächsten lieben. Ich will ihm helfen, wenn er in Not ist. Ich will bei ihm sein und für ihn da sein, wenn er mich braucht. Das liegt mir auf der Seele. Das liegt mir auch im Blut.

Mit der Geschichte vom barmherzigen Samariter hast du uns gelehrt, was Nächstenliebe ist, im Gleichnis von dem Mann, der von Räubern überfallen wurde. Der ausgeraubt und halbtot liegen gelassen wurde. Dem nicht einmal ein Priester half, der des Weges kam. Auch nicht ein Levit, der den Verletzten sah und an ihm vorüberging. Für den nur ein Samariter Mitleid hatte, der ihm half. „Geh und handle du genauso!", sagtest du.

Aber jetzt bin ich in Not.

Ausgeraubt fühle ich mich.

Leer. Und wund.

Weil du so viel von mir verlangst.

Und ich dich nur enttäuschen kann.

Weil du mir Zusagen machst, die ich nicht verstehe,

und für die mein Glaube nicht reicht.
Ich sehne mich danach zu beten.
Denn meine Hoffnung ruht auf dir.
Die Hoffnung, dass dein Reich kommt, auch zu mir.
Dass es heute kommt, jetzt, in diesem Augenblick.
Und nicht erst morgen.
Die Hoffnung, dass du bei mir bist, auch am Ende der Welt.
Nimmersatt ist meine Sehnsucht, beten zu können.
Nimmersatt nach dir und deinem Reich.
Doch mir fallen keine guten Worte ein, um dir zu sagen, was ich sagen will. So nimm diese Sätze an Stelle meiner eigenen. Sie gehen zurück auf Andreas v. Kreta aus dem 8. Jahrhundert. Von ihm borge ich sie mir aus:

Wie die unter die Räuber Gefallene bin ich
unter die Schläge meiner Gedanken gefallen.
Wund und misshandelt bin ich
am Wegrand auf der Strecke geblieben.
Du aber gehst
an meiner Not nicht
und an keines Menschen Not vorüber.
Du bleibst stehen
und hast Erbarmen mit mir.
Du schenkst mir
stehen zu bleiben
und Erbarmen zu haben mit denen,
die du mir gibst.
Amen.

Dein Reich, mitten unter uns

Das Reich Gottes bedeutet nicht, dass es mich nicht erreichen kann, weil ich Jesu Anspruch nicht genüge. So ist Gott nicht. Gott schließt keinen Menschen aus. Und er stellt keine Bedingungen. Er fordert keine Leistungen und verteilt auch keine Noten. Das glaube ich einfach nicht. Gott, der König des Reiches, ist der Abba. Er ist der „Vater unser" in meinem Vaterunser.

Er ist der Gott, der alle sieht und so nimmt, wie sie sind, auch mich. Selbst wenn sie zu versagen meinen wie ich. Wir sind es, die behaupten, dies ist gut und jenes schlecht, und auch ich bin davon nicht frei. Gott dagegen urteilt nicht.

Sein Reich ist kein Reich für die Reichen. Es geht ihm nicht um Macht, nicht um Herrschaft oder Gewalt. Im Reich Gottes, das Jesus verkündet, geht es um Liebe, Nachsicht, Barmherzigkeit und Vergebung.

Gottes Reich ist nicht reich an Gütern.

Es ist reich an Güte.

Sein Reich ist nie bedrohlich. Weil Gott nicht droht. Es kommt auch nicht erst morgen. Es ist längst da. Es ist sogar schon mitten unter uns, wie Jesus sagt (vgl. Lk 17,21). Es kündet von der Herrlichkeit, die uns erwartet. Das Reich mit Gottes Gaben. Was für ein großes, unverdientes Geschenk ...

Sein Reich ist nicht *von* dieser Welt, das stimmt. Es ist nicht Geld und Luxus und Karriere. Es ist noch nicht einmal Essen oder Trinken. Es ist Gerechtigkeit und Frieden. Es ist Freude. Freude im Heiligen Geist (vgl. Röm 14,17). Und es kennt keine Grenzen. Es ist unendlich groß und macht sich doch ganz klein, um Platz zu finden bei uns. In unserem kleinen Reich.

Sein Reich ist aber *in* dieser Welt. Bei uns, bei mir. Auch wenn ich noch so wüte oder klage. Auch wenn ich überfordert bin. Gerade dann ist Gott bei mir. Gerade dann zeigt er sich mit seinem gnadenreichen Reich.

*

Und so bete ich:

Gott,
du bleibst stehen,
wenn ich in Not geraten bin.
Du kehrst um,
wenn ich am Wegrand liege.
Du schaust auf mich;
du schaut auf alle.
Du willst, dass wir uns freuen.
Wir, hier. Auf Erden.
In unserem Leben.
Darum sei mir Heimat
mit deinem Reich.
In meinem Leben.

Dein Wille geschehe

Der Messias von Georg Friedrich Händel, dieses Meisterwerk des Glaubens und der Musik, war anfangs außerordentlich umstritten. Uraufgeführt wurde es nur als Benefizkonzert für karitative Organisationen in Dublin. Ein Jahr später geriet es in London in Verruf. Das Publikum war empört und verurteilte das Stück als blasphemisch. Als Gotteslästerung. Den Messias, ausgerechnet. Man dürfe Bibelworte nicht in einem profanen Theater wiedergeben, noch dazu als Abendunterhaltung.

Doch zum Glück blieb es nicht dabei, und dem Oratorium gelang schließlich der Durchbruch. Sonst wäre der Menschheit nicht nur eine wunderbare Musik, sondern auch die Vertonung elementarer Texte entgangen. Bibelverse, die auch für das Vaterunser bedeutsam sind. So erklärt gleich zu Beginn eine Arie, worum es geht bei den Worten: *Dein Wille geschehe.* „Alle Tale macht hoch erhaben, und alle Berge und Hügel tief, das Krumme grad, und das Raue macht gleich."

Das ist es, was ich erhoffe, wenn ich das Vaterunser bete. Dass Gott das Krumme grad und das Raue gleich macht, die Tiefen hoch und die Berge tief. Damit ich zurechtkomme in meinem Leben.

Gleichzeitig weiß ich, dass es bei der Bitte nicht darum geht, was ich will, sondern was Gott will. Es heißt: *Dein* Wille geschehe. Nicht: Hilf mir, dass *mein* Wille geschieht. Gottes Wille ist entscheidend.

Den zu erkennen, ist allerdings alles andere als leicht.

Gottes Wille

Gott will das Leben. *Du bist es, der die Welt erschaffen hat, durch deinen Willen war sie und wurde sie erschaffen.* (Offb 4,11) Also schuf Gott Himmel und Erde und Licht und Tag und Nacht und junges Grün und Gewächs und Fruchtbäume und Lichter am Himmelsgewölbe und die beiden großen Lichter für den Tag und die Nacht und Vögel und große Wassertiere und Vieh und Kriechtiere und Wildtiere ...

Wer es genauer wissen will, wird in Haydns Schöpfung aufs Schönste fündig. Da schwingt sich stolz der Adler und teilt die Luft im schnellsten Flug zur Sonne hin. Da grüßt der Lerche frohes Lied den Morgen. Da girrt das zarte Taubenpaar die Liebe. Da erschallt aus jedem Busch und Hain der Nachtigallen süße Kehle. Da steht vor Freude brüllend der Löwe da. Da schießt der gelenkige Tiger empor. Da erhebt der schnelle Hirsch sein zackiges Haupt. Da springt das edle Ross mit fliegender Mähne und wiehert voll Mut und Kraft. Da weidet schon auf grünen Matten das Rind, in Herden abgeteilt. Da steht das wollenreiche, sanfte Schaf. Und da verbreitet sich das Heer der Insekten wie Staub in Schwarm und Wirbel ... Es ist die wahre Pracht.

Dann schuf Gott den Menschen. „Und der Mensch wurde zur lebendigen Seele." Und alles war sehr gut. *Das* war Gottes Wille.

*

Doch aus der „lebendigen Seele" wurden eigenständige Personen, die mehr begehrten, als sie hatten, und mehr wissen wollten, als sie sollten. Die taten, was sie wollten. Und Gottes Wille

erweiterte sich. Nun wollte er ihre Rettung. So ist er, unser Gott.
Er will, dass alle Menschen gerettet werden und zur Erkenntnis der Wahrheit gelangen. (1 Tim 2,4)
Der Herr ... ist geduldig mit euch, weil er nicht will, dass jemand zugrunde geht. (2 Petr 3,9)
Das ist es, was Gott will: eure Heiligung. (1 Thes 4,3)

Unser Leben sollte geheiligt sein und Gott gehören. Gott will unser Heil, unsere Heilung. Er will nicht, dass wir untergehen. Er will da sein, für uns. Er will an unserer Seite sein. Und nicht von uns weichen. Das ist sein Wille.

Doch was bedeutet das? Und was heißt das für mich?

Um Gottes willen ...

Oft ist der Wille Gottes schwer zu erkennen. Und manchmal frage ich mich, ob Gott überhaupt etwas mit meinem Leben zu tun hat.

Vor allem im Alltag. Ich gehöre nicht zu den Leuten, die glauben, dass Gott ihre täglichen Schritte lenkt. Ich gehe schon selbst. Und bin verantwortlich dafür, welches Ziel ich wähle. Ich bin auch nicht abergläubisch. Nach dem Motto: Wenn ich bis vier zähle und bis dahin dies und das eintritt, gehe ich nach rechts. Wenn nichts geschieht, nach links. Weil Gott mir angeblich auf diese Weise zeigen will, was ich tun soll. Gott ist kein Spieler, der uns zu seinen Mensch-ärgere-dich-nicht-Figuren macht und würfelt und uns wahlweise nach vorne, ins Ziel, führt oder zurück nach Hause schickt. Gott zockt nicht.

Anders verhält es sich mit den großen Lebenslinien. Wenn ich auf mein Leben zurückblicke, scheint zwar vieles durcheinanderzugehen. Etliche Umzüge. Verschiedene Berufe. Aber ich sehe eine Linie, ganz im Sinne von Søren Kierkegaards Satz: „Das Leben wird vorwärts gelebt und rückwärts verstanden."

Einmal nannte mich jemand ein „historisches Glückskind", weil die Mauer gefallen war, als ich gerade einen Job suchte und mir durch die friedliche Revolution klar wurde, was ich machen will. Dass ich nach Berlin ziehen würde, um Journalistin zu werden. Das war sinnvoll, durch und durch.

Sinnvoll war auch der Umzug nach München viele Jahre später. Wenn auch aus ganz anderen Gründen. Ein Patenkind war krank geworden, mein Bruder Andreas auch. So konnte ich bei ihnen sein.

Vielleicht hatte Gott da ja tatsächlich seine Finger im Spiel. In meinem Leben. Bei mir.

*

Beim Bruder nicht. Ihn hatte Gott vergessen. Andreas lebt nicht mehr. Ich kann nicht glauben, dass das der Weg war, den er gehen musste. Dass ihm nichts erspart blieb. Bis zum bitteren Ende. Ich kann nicht glauben, dass das Gottes Wille war.

Wie Hohn klingt es in meinen Ohren, dass niemand zugrunde gehen soll, dass Gott unsere Heilung will. Und Andreas? Galt das für ihn nicht? Wie hätte ich angesichts seines Leidens, seines Todes beten können, *dein Wille geschehe*?

Erst recht beim anderen Bruder. Beim Mord an meinem Bruder Fritz. Wollte Gott ihn nicht retten oder konnte er es nicht?

Wenn ich glauben müsste, dass es Gottes Wille war, dass Fritz gewaltsam zu Tode kam, verlöre ich meinen Glauben. Wenn ich glauben würde, dass Gott unsere Geschicke lenkt, müsste ich logischerweise auch glauben, dass er das Schicksal meines Bruders bestimmt hat. Dass er wollte, was geschah. Dass er einen geistig verwirrten Menschen aus dem fernen Andernach auf den Weg nach Berlin schickte, um Rache zu nehmen. Rache für etwas, das mein Bruder nicht zu verantworten hatte. Rache wegen eines Hirngespinstes. Wenn es ein Vorwärtsleben und Rückwärtsverstehen gäbe, das von Gott ausgeht, wäre Gott auf der Seite des Täters gewesen.

Der Gedanke ist so absurd, dass ich es weder glauben kann noch will. Gott ist nicht schuld an der Tat. Er hat nichts dazu beigetragen. Gar nichts. Gott will das Leben. Nicht einen Mord. Niemals hätte ich angesichts eines solchen Verbrechens gebetet, *dein Wille geschehe*.

Und doch tat ich es. Ich tat es für mich. Ich tat es wegen Jesus.

Nicht was ich will, sondern was du willst

Das innigste Gebet, das ich kenne und mit dem Willen Gottes verbinde, sprach Jesus im Garten Gethsemane, davon war schon die Rede. Verzweifelt, niedergeworfen auf einen Felsen, ganz allein, denn seine Jünger schliefen, rief er: *Abba, Vater, alles ist dir möglich. Nimm diesen Kelch von mir! Aber nicht, was ich will, sondern was du willst.*

Jesus konnte so beten, weil Gott einen Plan hatte. Für ihn und mit ihm. Jesus wusste das. Und obwohl Gott ihm nicht antwortete und ihn allein ließ, dort, im Garten Gethsemane, hoffte Jesus auf ihn. Nirgends kommt das deutlicher zum Ausdruck als in der Matthäuspassion von Johann Sebastian Bach, diesem traurig-schönen Oratorium, in dem der Chor an Jesu statt singt:

Dein Wille geschehe

Was mein Gott will, das gscheh allzeit,
sein Will, der ist der beste,
zu helfen dem er ist bereit,
die an ihn glauben feste.
Er hilft aus Not,
der fromme Gott,
und züchtiget mit Maßen.
Wer Gott vertraut,
fest auf ihn baut,
den will er nicht verlassen.

Jesus ergab sich dem Willen Gottes in der festen Zuversicht, dass Gott ihm helfen würde. Dass er ihn nicht verlässt in seiner Not. Er wusste, dass er sterben musste, um auferstehen zu können. Um der Welt zu zeigen, dass der Tod nicht das letzte Wort hat. Um dem Tod den Stachel zu nehmen. Um ihn zu besiegen.

Und so war es just jenes verzweifelte Gebet, das Jesus wieder aufrichtete, sodass er gestärkt zu seinen Jüngern gehen konnte, sie weckte und sprach: *Steht auf, wir wollen gehen!*

Doch mein Leben hat mit dem Leben Jesu nichts zu tun. Ich weiß nicht, ob Gott einen Plan für mich bereithält. Ich kann nur hoffen, dass mein Leben am Ende nicht umsonst gewesen sein wird. Aber ich habe keine Gewissheit. Tatsächlich weiß ich gar nichts. Wie könnte ich da beten wie er?

Ich kann zwar versuchen, Jesus nachzueifern und seine Gebote einzuhalten. Ich kann versuchen, Gott mit ganzem Herzen zu lieben und meine Nächsten wie mich selbst; ich kann versuchen, Frieden mit meinem Gegner zu schließen und dem, der mich auf die rechte Wange schlägt, auch die andere hinzuhalten; ich kann versuchen, meine Feinde zu lieben und für die zu beten, die mich verfolgen … Letztlich werde ich immer scheitern.

Weil ich nicht Jesus bin.
Ich bin nicht eins mit dem Vater.
Das war nur er.
Der Gottessohn.
Der Messias.
Es käme mir auch anmaßend vor, wie Jesus zu beten: *Aber nicht, was ich will, sondern was du willst*. Mit seiner Innigkeit. Und seiner Gott-Ergebenheit.

Und dennoch ist da eine Verbindung zwischen ihm und mir. Sie steckt in dem Gebet. Dass Jesus die Verzweiflung kennt und sich in seiner größten Not an Gott wendet, den Vater, den er in dieser Stunde *Abba* nennt, all das verbindet uns. Und es ermutigt mich.

Es ermutigte mich zu beten, *dein Wille geschehe*. Und Ermutigung brauche ich.

Sein Wille, mein Trost

Seit Berlin fällt es mir schwerer, beim Vaterunser zu beten, *dein Wille geschehe*. Seither bin ich vorsichtiger geworden, ja beinahe misstrauisch. Was von all dem, was um mich herum geschieht, ist denn nun Gottes Wille? Und was nicht? Das Gute, ja? Das Schlechte, nein? Gottes Wille ist tief verborgen. Oft weiß ich nicht, woran ich ihn erkennen kann. Und wie ich ihn finden soll.

Trotzdem betete ich in jener Zeit, *dein Wille geschehe*. Ich tat es für mich. Ich betete die Worte, weil ich selbst keine Worte mehr hatte. Weil ich ohnmächtig war und keine Macht mehr hatte über mein Leben. Und keinen Anker mehr spürte. Weil ich mich ausgeliefert fühlte. Ausgeliefert dem Willen des Mörders. Seiner Willkür. Seinem Wahnsinn. Seiner Tat. Und den Folgen. Je verzweifelter ich darüber war, was der Wille dieses Mannes angerichtet hatte, und je überzeugter ich wurde, dass das nicht Gottes Wille war, desto mehr sehnte ich mich nach Gottes Willen. Desto stärker war mein Bedürfnis zu beten, möge doch *dein* Wille geschehen, mögest doch *du* mein Leben bestimmen und nicht der Täter.

Ich betete mit brennender Hoffnung und trotziger Entschlossenheit. Ich betete in hilfloser Verzweiflung und kämpferischer Wut. Weil ich nichts mehr ändern konnte am Schicksal meines Bruders. Um keinen Preis der Welt wollte ich mich dem Täter länger ausliefern. Ich wollte gerüstet sein für das, was nun kam. Darum sehnte ich mich nach Schutz und Zuspruch.

Ich hatte Sehnsucht, nach Gott.

*

Mitten in der Katastrophe entfaltete die Bitte, dass Gottes Wille geschehe, eine fast bizarre Kraft. Ausgerechnet der Satz, den ich mit Argwohn betrachtete. Ausgerechnet er gab mir Halt. Ausgerechnet er tröstete mich. Vielleicht weil mir noch nie so bewusst war, dass nicht alles von meinem Willen abhängt. Dass in Wahrheit, wenn es darauf ankommt, gar nichts von meinem Willen abhängt. Weder von mir noch von meinem Willen. Und ich gerade dann abhängig bin von einer anderen Kraft. Von Gott.

Dass das Gebet mir half, überrascht mich noch heute. Dass Gott mir half, in dieser Not. Dass er mir das Rüstzeug gab, das ich brauchte, um zu funktionieren, ohne dass ich es merkte. Wie er das tat, ist mir ein Rätsel. Aber es war so. Es half mir. Beim Trösten. Und Tränentrocknen. Beim Dasein. Und Zuhören. Beim Kümmern um die Familie. Und dem Ärger mit den Behörden. Beim Alles-Aushalten. Und in meinem Leben.

Es war sein Wille. Er geschah.

Von mir verlangte Gott nichts. Nicht, dass ich in die Kirche gehe. Nicht, dass ich eine Kerze anzünde. Nicht, dass ich bete. Ja, noch nicht einmal, dass ich glaube. Und doch tat ich es. Vielleicht, weil Gott nichts forderte. Sondern einfach da war. Durch andere Menschen. Weil er sich mir zeigte. Durch andere Menschen. Weil er mit mir betete. Durch andere Menschen. Weil er mir Menschen schickte, die bei mir waren. In all der Zeit. Menschen, die immer noch bei mir sind.

Lauter feine Sakramentsmenschen.

Und es erfüllte sich, was ich erhofft hatte, als ich betete, *dein Wille geschehe*: Gott machte das Krumme grad und das Raue gleich, die Tiefen hoch und die Berge tief. Ich kam wieder zurecht in meinem Leben. Einem Leben, das nicht allein in meiner Hand liegt.

*

Und so bete ich:

Möge doch dein Wille geschehen.
Dein Wille geschieht nicht,
wenn das Schicksal uns ereilt.
Dein Wille ist es nicht,
dass Menschen leiden,
dass sie gewaltsam sterben.
Lehre mich, deinen Willen zu sehen,
damit in meinem Leben
dein Wille geschieht.

Dein Wille geschehe

Lass mich nicht fallen, sondern aufstehen.
Lass mich erkennen, dass du Gott bist.
Lass mich erkennen, was du willst.
Damit ich beten kann:
Dein Wille geschehe.

Wie im Himmel so auf Erden

Wenn Jesus betet *wie im Himmel so auf Erden*, bezieht er sich auf beides: Gottes Reich und Gottes Wille. Sein Reich komme – im Himmel und auf Erden. Sein Wille geschehe – im Himmel und auf Erden. Schon im Alten Testament heißt es: *Der HERR ist der Gott im Himmel droben und auf der Erde unten, keiner sonst.* (Dtn 4,39) Und Petrus ergänzt: *Wir erwarten gemäß seiner Verheißung einen neuen Himmel und eine neue Erde, in denen die Gerechtigkeit wohnt.* (2 Petr 3,13)

Alles ist allumfassend. Alles betrifft Himmel und Erde.

Jesus konnte so beten, weil er Mensch und Gottes Sohn war. Er kannte Himmel und Erde. Ich nicht.

Den Himmel kann ich anschauen, aber ich war noch nie dort.

Auf der Erde lebe ich, aber ich kenne nur Teile.

Ich bete *wie im Himmel so auf Erden*. Aber ich verstehe es nicht.

Ich weiß nicht, warum ich das bete. Ich habe keinen Einfluss auf Himmel und Erde.

Im Himmel? Panik, Sternschnuppen und Schwarze Löcher

Die Himmel erzählen die Herrlichkeit Gottes und das Firmament kündet das Werk seiner Hände, singt der Psalmist (Ps 19,2). Aber nicht nur er besingt es. Heinrich Schütz, Johann Sebastian Bach, Joseph Haydn, sie alle vertonten den Vers.

Andere inspirierte der Psalm zum Weiterdichten wie Jan Janssen zum Beispiel, den damaligen Kirchentagspastor und späteren evangelischen Bischof der Landeskirche Oldenburg, 2008:

Die Himmel erzählen die Ehre Gottes
und die Erde verändert ihr altes Gesicht.
Die Himmel erzählen die Ehre Gottes
und die Erde lebt auf und wird licht.

Und alle, die seither einen Kirchentag besucht haben, kennen den Text und singen das Lied nach der Melodie von Fritz Baltruweit. Und immer schwingt Leichtigkeit mit. Freude.

*

Der Himmel hat mich schon als Kind beschäftigt. Ich erinnere mich noch gut an eine Nacht, die ich mit einer Schulfreundin draußen verbrachte, wir waren vielleicht zehn, elf Jahre alt. Wir lagen im Garten ihrer Eltern und schauten in den Himmel. Wir sprachen kein Wort. Je länger wir dort lagen, desto mehr konnten wir sehen. Als die Eltern schließlich das Licht im Haus löschten und unsere Augen sich an die Dunkelheit gewöhnten, die dunkler und dunkler wurde, sahen wir immer neue, funkelnde Sterne. Zum ersten Mal in meinem Leben wurde mir bewusst, dass das Weltall keine Grenzen hat und keinen Horizont, sondern nur unendliche Weite. Zum ersten Mal wurde mir bewusst, wie klein die Erde ist und wie winzig ich bin. Wie unbedeutend.

Und mir wurde mulmig.

Ich dachte, wie sonderbar es doch ist, dass wir dort liegen und in den Himmel schauen können, ohne hineinzustürzen.

Was, wenn die Erdanziehung ihre Kraft verlöre und ich in die Dunkelheit fiele? Und verschwinden würde im Sternenmeer? In der Unendlichkeit. Im Nichts. Verschluckt vom finsteren Firmament, wie ein winziges Staubkörnchen.

Und Panik überfiel mich.

Das sollte der Himmel sein?

*

Bald wusste ich, dass das nicht passieren konnte. Und mein Verhältnis zum Himmel normalisierte sich. Sehr viel später kam eine neue Erinnerung hinzu. Eine ganz andere.

Es war an meinem ersten Geburtstag nach dem Tod meines Bruders Andreas. Zwei Monate war es her, und die Trauer hatte um keinen Deut nachgelassen. Wir waren in Südtirol, zu zweit, denn nach anderen Menschen war uns nicht zumute. Es war kurz vor Mitternacht, nur Sekunden vor „meinem Tag". Ich stand auf dem Balkon und rauchte, wie Andreas und ich es zusammen immer getan hatten. Ich schaute in den Himmel und flüsterte: Wo bist du? Da sah ich eine Sternschnuppe, wie ich sie noch nie gesehen hatte. Hell und klar leuchtete sie. Eine halbe Ewigkeit zog sie in der Dunkelheit ihre Bahn, als hätte der Bruder geantwortet. Und ich lachte und weinte und pustete den Rauch in seine Richtung. Er war auf einmal da, mein Bruder, ganz plötzlich und auf eine Weise überraschend, wie nur er es vollbringen konnte.

Seither liebe ich den Himmel. Ich mag ihn bei Tag und bei Nacht, bei Wind und Wetter, egal, Hauptsache Himmel. Denn dort ist der Bruder. Zusammen mit unserem anderen Bruder. Eines Tages werde hoffentlich auch ich dort sein. Zusammen mit den beiden.

Seither blicke ich jedes Jahr um diese Zeit in den Nachthimmel, wenn er klar ist und der Blick frei. Und immer sehe ich eine Sternschnuppe. Manchmal auch zwei. Eine von Andreas. Eine von Fritz. Dann weiß ich, dass sie feiern, dass sie meinen Tag feiern.

Lukas Bärfuss schrieb in seinem bewegenden Buch *Koala*, in dem es um den Suizid seines Bruders geht: „Die Dinge, ... die sich im Leben an die Person binden, um die man sich bemüht, damit sie nicht verloren gehen, mit denen wir uns umgeben und an denen uns die anderen erkennen, lösen sich nach dem Tod von den Menschen, es ist, als würde ein Stern erlöschen. Die Planeten, die er an sich gebunden hat, lösen sich aus der Verbindung, sie entfernen sich von ihrem Zentralgestirn, und ihre Materie wird gleichmäßig im Universum verteilt."

Das geht mir ganz anders.

Die Dinge, mit denen ich mich umgebe, ein Filzhund von Fritz, den wir nach dem 19. November 2019 in seinem Schreibtisch fanden, das Schlittschuhpaar „An den Nagel gehängt" von Andreas, Dinge, die schon zu Lebzeiten der Geschwister zu ihnen gehörten, sind durch ihren Tod nur noch enger mit ihnen verbunden. Sie sind eine untrennbare Verbindung zwischen ihnen und mir. Es sind Habseligkeiten, wortwörtlich, Dinge, die ich habe – und die mich selig machen.

Da ist kein Stern erloschen, da löste sich kein Planet aus der Verbindung, da verteilte sich nichts im Universum. Es sind Sterne, die vom Leben der Brüder erzählen. Es sind Sterne, die mein Arbeitszimmer hell erleuchten. Am Tag und in der Nacht.

Das ist der Himmel.

*

Und dann ist da der Himmel, der die Wissenschaft beschäftigt. Diese schöne Wirklichkeit, für unser Auge viel zu weit entfernt. Erreichbar nur mit Sichtgeräten. Da war erst das Hubble-Weltraumteleskop, das 13 Milliarden Lichtjahre tief ins All schauen konnte, weit hinein in die kosmische Vergangenheit, um Woche für Woche Bilder von tausenden lichtschwachen Galaxien zu senden. Jetzt, da es ausgedient hat nach mehr als dreißig Jahren, ist das James-Webb-Weltraum-Teleskop im Orbit. Am ersten Weihnachtstag des Jahres 2021 wurde es ins All befördert. Ausgerechnet an dem Tag, der alles neu macht Jahr für Jahr.

Die Wissenschaft erhofft sich Aufnahmen, die bis ans Ende des Universums reichen. Fotos aus der Zeit kurz nach dem Urknall, der sich vor 14 Milliarden Jahren ereignete. Mit anderen Worten: Sie erhofft sich Bilder aus der Zeit, in der Gott die Welt schuf, den Himmel und die Erde, die Sonne und den Mond und die Sterne.

Immer näher rückt das Ziel. Erst entdecken die Wissenschaftler GLASS-z18, eine Sternengruppe, die 300 Millionen Jahre nach dem Urknall entstand und aussieht wie ein großer roter Punkt. Kurz darauf sahen sie CEERS-93316, eine Galaxie, die vermutlich 235 Millionen Jahre nach dem Urknall existierte. Einen Wimpernschlag vom Ursprung der Welt entfernt.

Das Teleskop zeigt Bilder, die so spektakulär sind, dass es mir regelmäßig die Sprache verschlägt. Bilder, die meine Fantasie weit übertreffen. Bilder, die alles in den Schatten stellten, was ich bisher über den Himmel wusste, alles, was ich mir bis dahin unter Raum und Zeit vorgestellt hatte. Man sieht Elemente, von deren Existenz ich zum Teil noch nie gehört hatte.
Schwarze Löcher.
Explodierende Sonnen.
Sternbilder am südlichen Firmament.

Tausende Galaxien, klein wie ein Sandkorn.
Planetengeburten.
Das letzte Aufleuchten eines sterbenden Sterns.
Der übrig gebliebene Weiße Zwerg.
Licht aus längst vergangenen Zeiten.
Materiewolken.
Schockwellen.
Nebel aus heißem Gas.
Wolken aus Gas und Plasma.
Wasserdampfspuren eines Exoplaneten.
Kosmische Klippen, rund sieben Lichtjahre hoch.
Urgewalten des Kosmos.
Eine zweite Erde?
Mit möglichem Leben?
Es ist der helle Wahnsinn.

„Sensationelle Bilder von der Schöpfungsgeschichte!", untertitelte der Karikaturist Klaus Stuttmann seine grandiose Zeichnung, auf der das Weltall mit lauter Sternen und herumwirbelnden Asteroiden zu sehen ist, und mittendrin, mit weißem Rauschebart, Gott, der seine Erde schützend in den Händen hält. Ängstlich, sich wundernd schaut er um sich, als könne er nicht glauben, was er sieht. Wissenschaft und Gottes Schöpfung, in einem Bild zusammengefasst.

Die Wissenschaft zeigt eine Unendlichkeit, die größer ist, als wir es ahnen. Die weit über das hinausgeht, was wir uns vorstellen können. Sie sprengt den Gottesglauben. Und sie belegt ihn. Weil wir auch die Unendlichkeit Gottes nicht erfassen können.

Das ist der Himmel der Weltallunendlichkeit.

*

Drei Ereignisse, drei Ansichten. Immer geht es um den Himmel. Mal ängstigt er, mal tröstet er und manchmal fasziniert er mich.

Auf Erden? Der blinde, taube Gott und seine Gnade

„Im Anfange schuf Gott Himmel und Erde, und die Erde war ohne Form und leer, und Finsternis war auf der Fläche der Tiefe." So beginnt die Schöpfung von Joseph Haydn. Ohne Form. Leer. Finster. So war die Erde, bevor Gott sprach, es werde Licht. Und Licht ward. „Nun schwanden vor dem heiligen Strahle des schwarzen Dunkels gräuliche Schatten." So geht es weiter. „Verwirrung weicht, und Ordnung keimt empor. Und eine neue Welt entspringt auf Gottes Wort."

Gottes Reich war da. Sein Wille war geschehen. Bei uns, auf Erden. Und Gott sah, dass es gut war.

Was hat der Mensch daraus gemacht? Was ist aus Gottes Reich geworden? Wo ist sein Wille? Hier, auf Erden? In unserer Welt, wo es Kriege gibt. Wo Menschen verfolgt und gefoltert werden. Wo Menschen sinnlos ermordet werden, einfach so. Wo Viren und Krankheiten Menschen töten. Wo soziale Medien Leben zerstören. Wo selbst die Kirche Gewalt ausübt, psychische Gewalt, sexualisierte Gewalt, an Kindern, Frauen, Schutzbefohlenen.

Auf diesem wunderbaren Planeten, den Umweltkatastrophen und menschengemachter Klimawandel vernichten. Auf der Erde, wo der Gewinn mehr zählt als Gerechtigkeit. Wo die Armen immer ärmer werden und verhungern, während die Reichen immer reicher werden und nicht mehr wissen, wohin mit ihrem Geld.

Warum lässt Gott das alles zu? Warum schreitet er nicht ein, da doch das Schlechte, alles Elend und das Böse gegen seinen Willen sind? Gegen den Willen, der auf Nächstenliebe ausgerichtet ist, auf Gerechtigkeit und Frieden, auf Versöhnung und Schutz, auf Treue und Vertrauen, auf das Leben und die Bewahrung seiner Schöpfung? Sieht und hört er denn nicht, was hier los ist?

Warum schickt Gott nicht einfach eine neue Sintflut, wie damals, zu Zeiten Noahs? Als er gesehen hatte, dass auf der Erde die Bosheit des Menschen zunahm, dass alles Sinnen und Trachten seines Herzens immer nur böse war. Als es ihn reute, den Menschen gemacht zu haben, und ihm das Herz wehtat. Als er sah, dass die Erde verdorben war und voller Gewalttaten. Da schritt er ein. Alles auf Erden sollte den Tod finden. Nur Noah und seine Familie nicht. Und von jedem Tier ein Paar. Und es geschah so. Und die Erde ward neu.

Doch das ist eine Mär. Das erkennt man nicht nur an der Geschichte der Sintflut selbst, sondern auch an Noahs Alter. Sechshundert Jahre war er alt, als die Flut über die Erde kam. – Nicht alles, was in der Bibel steht, ist so, wie es dort steht.

Das ändert aber nichts an der Frage, die dahintersteckt. Warum lässt Gott das alles zu? Wo ist Gott, wenn man ihn braucht?

Es kann ihm doch nicht egal sein, was aus seiner Erde geworden ist. Trotzdem tut er nichts. Mischt sich nicht ein. Lässt uns in Ruhe, die keine ist. Lässt Kriege und Zerstörung zu; schaut weg, wenn Menschen anderen Gewalt antun; ist taub, wenn Unterdrückte schreien; ist blind, wenn Hungernde sterben.
Er schaut weg, wenn ein Mord geschieht.
Er lässt zu, dass eine Krankheit tötet.

Die Brüder, meine beiden.
Und wir sind dem hilflos ausgesetzt.

*

Die Wahrheit ist: Gott lässt nichts von alldem zu. Weil er nichts damit zu tun hat. Es ist zu leicht, eine Verantwortung auf Gott zu schieben, die bei uns liegt. Wir müssen mit den Konsequenzen leben. Nicht er. Wir müssen handeln. Nicht er. Wir sind verantwortlich. Nicht er.

Gottes Kraft ist nicht in der Gewalt mächtig, nicht im Hunger oder im Leid, nicht im Krieg, in der Zerstörung und Vernichtung, nicht in der Folter und im Missbrauch. Sie ist nicht in den Starken mächtig. Sie ist in all dem nicht mächtig, weil sie erst gar nicht darin liegt.

Seine Kraft ist in den Schwachen mächtig.

Paulus beschreibt das im zweiten Brief an die Korinther mit einem Bild (2 Kor 19,7.9): *Damit ich mich wegen der einzigartigen Offenbarungen nicht überhebe, wurde mir ein Stachel ins Fleisch gestoßen: ein Bote Satans, der mich mit Fäusten schlagen soll, damit ich mich nicht überhebe. Dreimal habe ich den Herrn angefleht, dass dieser Bote Satans von mir ablasse. Er aber antwortete mir: Meine Gnade genügt dir; denn die Kraft wird in der Schwachheit vollendet.*

Es sind die Gnade und die Kraft, mit denen Gott uns ausstattet, um auf Erden zurechtzukommen. Sie sind unser Rüstzeug.

Und das ist nicht wenig.

*

Darum bitte ich Gott auch nicht, dass er die Welt verändert, obwohl wir Sonntag für Sonntag in unserer Pfarrei Christkönig in München-Nymphenburg für den Frieden in der Ukraine beten, wie es viele Menschen tun an jedem Sonntag oder an einem anderen Tag der Woche. Das gibt ihnen und uns die Kraft, Geflüchteten zu helfen, Medikamente zu verteilen, Kindern Nachhilfeunterricht zu geben, Frauen zu unterstützen, sie zu beraten und zu begleiten, wenn es um Behördendinge geht, ihnen zu helfen, Arbeitgeber zu finden. Die Friedensgebete lassen uns nicht aufgeben. Da wirkt Gottes Kraft ganz unmittelbar.

Wir beten, obwohl wir keine Macht haben über Leben und Tod. Wir beten, obwohl wir keinen Einfluss haben auf die Herrscher dieser Welt. Wir beten, obwohl wir keine Mittel haben gegen Panzer und Raketen. Wir beten, weil wir Gott anrufen können.

Jedes Mal zünden wir Kerzen an, manchmal auch Weihrauch, wenn der Wind zu stark weht. Und immer singen wir das Lied vom Mandelzweig, das aus der Feder von Schalom Ben-Chorin stammt. „Das Zeichen" nennt er das Gedicht, das er angesichts der Schreckensmeldungen über den Krieg und die Vernichtung 1942 schrieb. Sieben Jahre zuvor war er aus Deutschland geflohen, verzagt und hoffnungslos. In Israel dichtete er die leisen, tröstenden Zeilen über den Mandelbaum, der dort noch heute ein Symbol für das neue Leben nach dem Winter ist. Der Mandelzweig als Zeichen Gottes, das zurückgeht auf den Propheten Jeremia, den Gott fragt, was er sieht. Worauf er antwortet: Einen Mandelzweig. Und Gott spricht: *Du hast richtig gesehen; denn ich wache über mein Wort und führe es aus.* (Jer 1,11–12)

Das ist der Text des Sehnsuchtsliedes, das wir in der Vertonung von Fritz Baltruweit singen:

Freunde, dass der Mandelzweig wieder blüht und treibt,
ist das nicht ein Fingerzeig, dass die Liebe bleibt?
Dass das Leben nicht verging, so viel Blut auch schreit,
achtet dieses nicht gering in der trübsten Zeit.
Tausende zerstampft der Krieg, eine Welt vergeht.
Doch des Lebens Blütensieg leicht im Winde weht.
Freunde, dass der Mandelzweig sich in Blüten wiegt,
das bleibt mir ein Fingerzeig für des Lebens Sieg.

Und jedes Mal kommen mir die Tränen.

Nach dem Friedensgebet stehen wir beieinander mit den Menschen, die Sonntag für Sonntag kommen, um mitzubeten, mitzusingen und Kerzen oder Weihrauch anzuzünden. Dann reden wir. Und wir fühlen uns getröstet und gestärkt für die kommende Woche und das, was wir tun wollen.

Da wird Gottes Kraft in uns Schwachen mächtig.

Zwischen Himmel und Erde

Himmel und Erde sind klar getrennt. Und doch sind sie verbunden. Nicht am Horizont, wo sie vermeintlich aufeinandertreffen. Denn kaum ist man dort, ist der Horizont woanders. Ist er wieder weit weg. Himmel und Erde sind nie beieinander, wenn wir gerade dort sind, wo wir meinen, dass sie aufeinandertreffen, egal, wo wir sind. Immer ist der eine oben und die andere unten.

Es ist Gott, der Himmel und Erde verbindet.

Ich glaube, dass der Glanz des Himmels in uns allen liegt. Als würde ein Sonnenstrahl in uns leuchten und uns mit Gott verbinden. Dieses Licht vereint in uns Himmel und Erde. Es lässt uns strahlen. Es ist das Licht, das Gott erschuf, als er die Dunkelheit beiseiteschob und den Tag von der Nacht schied. Ich glaube, dass Gott schon am ersten Schöpfungstag, als er sprach: „Es werde Licht!", das Leuchten in unser Leben legte, ein Leben, das es noch gar nicht gab. Den Grundstein für uns. Das war sein Wille: das Licht. Für die Welt. Und in uns.

Nachts sind es die Sterne, die in uns glänzen. Sie funkeln in mein Leben. Mit einem Gruß von oben. Von den Brüdern.

Es ist das Licht des ewigen Lebens.

*

Im Gottesdienst zum ersten Jahresgedächtnis für meinen Bruder Andreas sprach der Pfarrer über den Tod und die Ewigkeit. Dabei sagte er einen Satz, der sich mir bis heute tief eingeprägt hat, er sagte ihn wie nebenbei: „Die Ewigkeit ist schon da." Dieser kleine Satz änderte meine Blickrichtung, er kehrte sie um. Bis dahin dachte ich, dass die Ewigkeit dem Tode folgt. Dass sie erst danach beginnt. Das war die Richtung, die ich kannte: Leben –> Tod –> Ewigkeit. Nun auf einmal war es anders: Ewigkeit –> Tod –> Leben. Egal, von welcher Seite aus ich es betrachte, die Ewigkeit ist da. Sie ist immer da. Die Ewigkeit des ewigen Lebens ist nicht getrennt durch den Tod. Sie ist schon hier. Und Andreas war auf einmal da. Bei mir. In der Kirche.

Die Ewigkeit verbindet meine Brüder und mich.

Auf Erden! Dein Reich. Dein Wille

Ich ahne, was Gottes Reich ausmacht. Ich ahne, was Gottes Wille ist. Mehr als eine Ahnung ist es aber nicht. Dennoch bete ich, dass sein Wille geschehe und sein Reich komme. Ich bete es, weil ich mir wünsche, dass beides bei mir ankommt. Nicht erst am Ende der Welt. Sondern jetzt.

Sein Reich, das es gewiss im Himmel gibt, es soll bei mir sein, auf der Erde, wo ich lebe. Hier suche ich die Heimat, die Gottes Reich für mich ist: seine Gnade, seine Begleitung, seine Hilfe, seine Barmherzigkeit.

Sein Wille, der im Himmel bestimmt gilt, er soll bei mir geschehen, in München, in meinem Leben. Ich will in der Lage sein, seinen Willen zu erkennen. Ich will wissen, was Gott will. Danach sehne ich mich. Denn ich bin hier, auf Erden. Und nicht oben, im Himmel. Darum sage ich die Worte: *Dein Reich komme, dein Wille geschehe wie im Himmel so auf Erden.*

*

Und so bete ich:

Der Himmel erzählt deine Ehre,
die Erde verändert ihr altes Gesicht.
Gott, verändere auch mich.
Ich sehne mich nach deinem Willen,
nach deinem Reich und dem Licht.
Nicht im Himmel, sondern auf Erden.
Damit dein Wille geschieht,
geschehe er bitte auch bei mir.
Damit dein Reich kommt,

komme es bitte in mein Leben.
Schick mir Sternschnuppen in der Nacht
und die Sonne am Tag.
Lass mich licht sein, immerzu.
So veränderst du mich.
Und der Himmel erzählt deine Ehre.
Und die Erde verändert ihr altes Gesicht.

Unser tägliches Brot gib uns heute

Wenn ich an Brot denke, denke ich an Israel. Ich muss nur an einer Bäckerei vorbeikommen und den Duft aus der Backstube riechen, schon bin ich dort. Mit dem Vaterunser hat das nichts zu tun. Es hat überhaupt nichts mit der Bibel zu tun.

Nichts mit Pessach, das an den Auszug des jüdischen Volkes aus Ägypten erinnert und auch „Fest der ungesäuerten Brote" genannt wird, weil eine Woche lang nur Matze gegessen werden darf, also ungesäuertes Brot.

Nichts mit Jesus und der wundersamen Brotvermehrung bei der Speisung der Fünftausend.

Nichts mit dem Brot, das Jesus bei den Emmaus-Jüngern bricht, so dass ihnen ihre Augen aufgetan werden und sie ihn erkennen; und er ihren Blicken entschwindet, und sie zueinander sagen: *Brannte nicht unser Herz in uns, als er unterwegs mit uns redete und uns den Sinn der Schriften eröffnete?*, und noch in derselben Stunde nach Jerusalem zurückkehren, um den Jüngern zu sagen: *Der Herr ist wirklich auferstanden!*, obwohl ich diese Geschichte mag, vor allem seit ich selbst in Emmaus war.

Auch nichts mit der Episode über den Gesetzesbruch, als die Jünger am heiligen Sabbat Ähren aus dem Kornfeld reißen und die Pharisäer zu Jesus sagen: *Sieh dir an, was sie tun! Das ist doch am Sabbat nicht erlaubt.* Und er sie zurechtweist: *Der Sabbat wurde für den Menschen gemacht, nicht der Mensch für den Sabbat!*

Mit nichts von alledem.

Tränenbrot in Israel

Ich denke an Israel, weil ich als junge Studentin zwei Monate in einem Kibbuz war und Nacht für Nacht Brot gebacken habe. Challah-Brot, das Brot für den Sabbat. Am Fließband. Mit Israelis und Palästinensern, darunter auch Kinder. 1978 war das. Einat heißt der Kibbuz, er liegt in der Nähe von Tel Aviv und gehört zu den ältesten Kibbuzim in Israel. Das Einzugsgebiet der Fabrik war riesig.

Ich erinnere mich an den Duft. An die Gemeinschaft. An das leicht Illegale, weil die Kinder nicht arbeiten durften. An unsere Wetten, wer am schnellsten den Brotzopf flechten konnte. An die Zeit, die wir stoppten. An das Vergnügen, das wir dabei hatten. An den Zusammenhalt zwischen uns so ungleichen Menschen.

Ich erinnere mich aber auch deshalb an die Zeit, weil sie schwierig war. Gegen Ende meines Aufenthaltes wurde die US-amerikanische Serie „Holocaust – Die Geschichte der Familie Weiss" im israelischen Fernsehen gezeigt. Wochenlang war die Bevölkerung darauf vorbereitet worden. Täglich hatte der Rundfunk Notfallnummern und Adressen von Seelsorgern übertragen. Und zum ersten Mal verstand ich die Worte aus der biblischen „Bitte für Israel": *Du hast sie gespeist mit Tränenbrot, sie überreich getränkt mit Tränen.* (Ps 80,6)

Erschwerend kam hinzu, dass der Kibbuz eigentlich keine deutschen Volontäre aufnahm, weil viele Bewohner Überlebende des Holocaust waren. Die Organisation, die für die Verteilung deutscher Freiwilliger zuständig war, hatte das wohl übersehen.

Zum ersten Mal hatte ich Menschen mit tätowierter Nummer auf dem Unterarm kennengelernt, Auschwitz-Überlebende. Misstrauisch beobachteten sie mich. Ich war ihnen nicht geheuer. Ich durfte nicht in der Küche arbeiten und auch nicht den Speisesaal betreten. Darum die Arbeit in der Brotfabrik, die etwas außerhalb des Kibbuz lag.

Die Übertragung der vierteiligen Serie begann; es ist die fiktive Geschichte der jüdischen Berliner Arztfamilie Weiss in der Zeit des Nationalsozialismus. Und es geschah etwas, das ich nie vergessen werde.

Die Alten, die Holocaust-Überlebenden, gingen auf mich zu. Sie sahen meine Verzweiflung, dabei ging es doch um ihre. Sie erkannten meine Not, dabei waren sie in Not. Sie sagten: Du bist jung. Du bist offen. Du arbeitest für uns. Du kannst nichts dafür, was damals geschah. Du bist zu uns gekommen. Du bist da. – Und ich war sprachlos.

Und wir teilten das Brot, das wir in der Fabrik gebacken hatten. Das Tränenbrot war zum Brot der Versöhnung geworden. Zum Friedensbrot.

Ganz anders reagierten die Jüngeren. Hatten wir zuvor noch zusammengesessen, uns Geschichten erzählt, riesige Wassermelonen verspeist und darüber gelacht, war von einem Tag auf den anderen alles anders. Sie zeigten mit dem Finger auf mich: „Du bist schuld!" „Du hast unsere Vorfahren ermordet!" „Ohne dich wäre alles gut!"

Wir teilten nichts mehr. Weder Melonen noch das Brot, das wir in der Fabrik auch für sie gebacken hatten. Es war zum Brot des Elends geworden. Zum Brot des Zorns. Erst als die Alten auf sie einredeten, beruhigten sie sich.

Ich denke gern an die Zeit, so schwierig sie auch war. Und so bringt mich der Duft aus einer Backstube zurück in den Kibbuz. Nach Israel.

Brot des Himmels

Wenn es im Vaterunser um die Brotbitte geht, denke ich allerdings nie an Israel und die Brotfabrik. Ich denke überhaupt nicht ans Essen. Außer vielleicht daran, wie gut es mir geht, dass ich mich um das tägliche Brot nicht sorgen muss. Und wie dankbar ich dafür bin. Wenn ich bete, *unser tägliches Brot gib uns heute*, denke ich vielmehr an das, was mir eigentlich fehlt, was ich brauche, Tag für Tag.

Deshalb ist mir auch die Lukasversion des Vaterunsers näher, in der es heißt: *Gib uns täglich das Brot, das wir brauchen!* (Lk 11,3) Ganz offensichtlich ist damit nicht nur das Nahrungsmittel gemeint. Mir fallen viele Dinge ein, die ich täglich brauche. Doch sind die auch gemeint?

Jesus selbst erklärt, was es damit auf sich hat. *Mein Vater gibt euch das wahre Brot vom Himmel*, sagt er seinen Jüngern. *Denn das Brot, das Gott gibt, kommt vom Himmel herab und gibt der Welt das Leben.* Als die Jünger ihn bitten, ihnen dieses Brot zu geben, antwortet er: *Ich bin das Brot des Lebens; wer zu mir kommt, wird nie mehr hungern, und wer an mich glaubt, wird nie mehr Durst haben.* (Joh 6,32–35)

Gemeint ist also das himmlische Brot. Das himmlische Brot ist nicht materiell. Übersetzt heißt die Bitte um das tägliche Brot: Gib uns das, was nur du uns geben kannst: dich selbst. Gib dich uns, Tag für Tag.

So weit die Theorie.

Es ist nicht wenig, was Jesus mir da abverlangt. Denn was er sagt, klingt sehr abstrakt. Ein bisschen zu abstrakt für meine Begriffe. Ich finde ja schon die Eucharistie schwer zu begreifen, in der Jesus selbst gegenwärtig ist: „Ich bin das Brot." Da macht sich meine protestantische Wurzel bemerkbar – und mein auf

Logik geschulter Juristenverstand. Ich finde es immer noch einfacher zu verstehen, dass das Brot *für* den Leib Christi steht und nicht der Leib Christi *ist*. Ich tue mich auch immer noch leichter mit dem evangelischen Gedanken, dass das Brot lediglich an den Tod und die Auferstehung Jesu *erinnert*, als mit der katholischen Lehre, wonach Christus im Brot gegenwärtig *ist*.

Niemand kann beweisen, dass Christus das Brot ist. Niemand weiß es. Aber geht es denn um Beweise, um den Intellekt? Geht es nicht vielmehr ums Herz? Um den Glauben? Natürlich. Und Glauben ist nun einmal nicht Wissen. „Was du begreifst, ist nicht Gott", sagt Augustinus. Deshalb geht es darum, loszulassen vom Bedürfnis, den Dingen auf den Grund zu gehen. Loszulassen vom Ehrgeiz, die Dinge auf Logik zu überprüfen. Loszulassen vom Wissensdenken. Und sich hineinfallen zu lassen in den Glauben. Sich Gott anzuvertrauen. Sich seinem Geheimnis auszuliefern.

Ich muss nichts beweisen. Anderen nicht. Und mir nicht. Ich muss nicht verstehen, was sich bei der Wandlung tut. Denn es *ist* nicht zu verstehen. Das ist ja das Seltsame am Glauben. Er ist nicht logisch. Er ist nicht zu fassen. Genau wie Gott.

Ich muss nicht irritiert sein, dass sich die Wandlung meinem Verstand entzieht. Ich muss mich nicht überreden lassen von irgendjemandem zu irgendetwas. „Sie müssen gar nichts", sagte mir einst mein geistlicher Begleiter, als ich wieder einmal nichts begriff und leicht verzweifelt war. Jetzt erst, viel später, verstehe ich, was er meinte: Ich darf. Ich darf alles. Ich darf glauben, mich wundern, staunen und – mich freuen. Ich muss nichts beweisen. Ich bin befreit. Ich bin frei.

Ich darf an Gott glauben, und das tue ich auch. Ich darf daran glauben, dass die Wandlung ein Geheimnis ist; so wie Gott selbst ein Geheimnis ist. Ich darf erleichtert sein, dass ich das

Geheimnis nicht ergründen muss, dass ich es nicht lüften kann, dass niemand es kann, denn sonst wäre es kein Geheimnis.

Paulus formuliert das so: *Ich kam nicht zu euch, Brüder und Schwestern, um glänzende Reden oder gelehrte Weisheit vorzutragen, sondern um euch das Geheimnis Gottes zu verkünden. Meine Botschaft und Verkündigung war nicht Überredung durch gewandte und kluge Worte, sondern war mit dem Erweis von Geist und Kraft verbunden, damit sich euer Glaube nicht auf Menschenweisheit stützte, sondern auf die Kraft Gottes.* (1 Kor 2,1,4–5)

Das Geheimnis Gottes kann niemand erklären. Es bleibt ein Geheimnis; ein Geheimnis des Glaubens. Eines Glaubens, der sich in dem Satz ausdrückt, den wir bei jeder Eucharistiefeier sprechen: „Deinen Tod, o Herr, verkünden wir und deine Auferstehung preisen wir, bis du kommst in Herrlichkeit."

Und auf einmal ahne ich, was es mit der Bitte um das tägliche Brot auf sich hat: Gib uns das, was nur du uns geben kannst: dich selbst. Gib dich uns Tag für Tag.

Ich ahne es, weil es ein Geheimnis ist.

Das Geheimnis der Kunst, das Geheimnis des Glaubens

Mein Bruder Andreas, der Bildhauer, nannte die Kunst die „Lehre vom Geheimnis". „Jeder, der sich mit Kunst befasst, ist in den Genuss gekommen, Wesenhaftes – Wesentliches – in Skulptur, Malerei, Musik oder Literatur wahrzunehmen", schrieb er einmal. „Aber das Wesenhafte bleibt Ahnung, keine Ausformung der Logik kann es erfassen. Wir brauchen andere Mittel und Wege, uns dem Eigentlichen zu nähern. Zu diesen Wegen zähle ich u. a. Instinkt, Respekt, Humor und Zutrauen.

Aber selbst dann bleibt eine Essenz, die letztlich ‚nur' sich selbst erklärt."

Die Erkenntnis meines Bruders lässt sich problemlos auf Gott und meinen Glauben übertragen.

„Jeder, der sich mit Gott befasst, kommt in den Genuss, Wesentliches wahrzunehmen. Aber Gott bleibt eine Ahnung, keine Ausformung der Logik kann ihn erfassen. Ich brauche andere Mittel und Wege, um mich Gott zu nähern. Dieser Weg ist mein Glaube. Aber selbst mit dem Glauben bleibt eine Essenz, die letztlich ‚nur' sich selbst erklärt."

„Geheimnisse werden in der Kunst nicht gelüftet, sondern geschaffen", schrieb der Bruder weiter. So geht es mir auch mit meinem Glauben. Der Glaube schafft ein Geheimnis, und er weist darauf hin: auf Gott. Wer sich mit dem Glauben befasst, kommt tatsächlich in den Genuss, „Wesenhaftes – Wesentliches" wahrzunehmen. Es ist ein Genuss, wenn einem der Glaube widerfährt.

Der Glaube bleibt immer Ahnung, er bleibt immer ein Geheimnis. Sonst wäre es kein Geheimnis. Selbst wenn ich glauben würde, ich könnte das Geheimnis lüften, könnte es nicht offenbaren, was nicht zu offenbaren ist. Der Glaube ist ein Geheimnis, das sich nicht lüften lässt, auch nicht durch sich, den Glauben. Eine Selbstoffenbarung des Geheimnisses ist nicht möglich. Das Geheimnis bleibt auch dann ein Geheimnis.

Der Versuch, das Geheimnis zu offenbaren, ist zum Scheitern verurteilt. Der Versuch, es zu lüften, verbietet sich. Es ist anmaßend, weil es den Anschein erweckt, man könnte sich mit eigenen Worten dem Wort Gottes nähern, dem Geheimnis. Gott ist zu groß für unsere Worte. Er ist zu groß für unsere Fantasie. Er ist größer als unsere Welt.

Meine Sehnsucht nach mehr hört trotzdem nicht auf. Das ist der Preis. Zu wissen, dass sich das Geheimnis nicht lüften lässt. Dass Glaube nicht Wissen ist. Den Preis nehme ich gern in Kauf. Denn nichts daran ist frustrierend. Weil das Geheimnis des Glaubens mich darauf hinweist, dass da mehr ist, als ich mir vorstellen kann. Und auch mehr, als ich glauben kann. Es zeigt mir, dass Gott ein Geheimnis ist, dass selbst mein Glaube ein Geheimnis ist.

Auch wenn es kein Geheimnis ist, dass ich glaube.

*

Weil aber (sonst) alles ein Geheimnis ist, sind mir Gegenstände wichtig, die mich an Gott und meinen Glauben erinnern. Das kleine Kreuz aus der Basilica di San Clemente in Rom an der Wand neben meinem Schreibtisch, dessen Foto ich am 19. November 2019 gepostet hatte, ohne zu ahnen, was geschehen würde an jenem Abend, in Berlin. Das schöne Kreuz aus Assisi, das mir der Priester zur Firmung schenkte, und die alte Bauernsilber-Madonna, die ich von einer befreundeten Familie aus dem Chor bekam, ebenfalls zur Firmung. Die Kreuzkette, von der schon die Rede war. Ein Armband, das ich im Kloster St. Ottilien fand. Ein weiteres aus der Grabeskirche in Jerusalem. Und eines aus Assisi. All das habe ich immer um mich. So fühle ich mich beschützt. So fühle ich mich sicher.

Mein Bruder und ich haben viel über die Kirche gesprochen, aber nur selten über den Glauben. Trotzdem weiß ich eines sicher: Vom Geheimnis (auch des Glaubens) verstand Andreas mehr als mancher Pfarrer. Er wüsste sicher auch jetzt viel Geheimnisvolles zu sagen. Wie er sich die Anwesenheit von Christus bei der Eucharistiefeier vorstellt, zum Beispiel …

Dein Brot, das ist ...

Gib uns täglich das Brot, das wir brauchen, heißt es bei Lukas. Das ist das himmlische Brot, das Brot, das vom Himmel herabkommt und der Welt das Leben gibt (vgl. Joh 6,33).

Doch was hilft mir das Brot „vom Himmel", wenn ich etwas ganz anderes brauche? Wenn nicht der Himmel wahr ist in meinem Leben, sondern mein Leben? Das Brot fehlt mir doch nicht oben, am Firmament, sondern unten, auf der Erde. Bei mir. Es ist nicht himmlisch-abstrakt, sondern ganz konkret, wenn auch nie materiell. So bete ich, wenn ich ums tägliche Brot bitte:

Gib mir täglich das Brot, das ich brauche.
Dein Brot,
das ist die Einsicht, die mir fehlt;
das ist die Rettung, die mich rettet;
das ist die Gnade, die von dir kommt,
und dein Wille, der geschehe.
Dein Brot,
das ist der Mut, nicht aufzugeben;
das ist die Hoffnung, die ich brauche;
das ist die Stärke, die du mir gibst,
und der Glaube, den du mir schenkst.
Dein Brot,
das ist das Feuer, das in mir brennt;
das ist das Wasser, von dem ich trinke;
das ist die Erde, auf der ich wohne,
und die Luft, die mich belebt.
Dein Brot,
das ist der Duft der bunten Wiese;

das ist der Atem, der durch mich strömt;
das sind die Farben, die ich sehe,
und die Träume, die ich habe.
Dein Brot,
das ist der Wohlklang in meinen Ohren,
das ist Musik, die mich erfreut;
das sind die Freunde, die zu mir halten,
und die Liebe meines Lebens.
Dein Brot,
das ist das Leben, das du mir gibst;
das ist die Schuld, die du vergibst;
das ist das Licht, das in mir leuchtet,
und die Nacht, die Ruhe bringt.
Dein Brot,
das ist dein Reich, das zu mir komme;
das ist die Kraft, die von dir stammt;
das sind die Sterne, die für mich strahlen,
mit einem Gruß der beiden Brüder.
Dein Brot,
das ist die Zuversicht, die ich benötige;
das ist der Schutz, der mich begleitet;
das ist mein Gottvertrauen
und meine Sehnsucht nach dir.
Dein Brot,
das sind die Worte, die mich trösten,
wenn meine Zweifel wieder kommen;
das ist die Stimme, die zu mir sagt:
Ich glaub an dich.
Das alles erbitte ich von Gott. Das ist für mich das wahre Brot des Himmels. Das ist das Brot, das ich brauche, Tag für Tag. Es kommt von Gott. Vom „Vaterunser", der im Himmel ist.

Gib es heute, gib es jetzt

Unser tägliches Brot gib uns heute, lautet die Bitte bei Matthäus. Heute, sagt Jesus. Nicht morgen oder irgendwann.

Ich kenne natürlich die Moral von der Geschichte. Ich weiß, was damit gemeint ist. Dass ich nicht gierig werden soll. Und nicht mehr erbitten soll, als ich brauche. Dass die Bergpredigt gilt: *Seht euch die Vögel des Himmels an: Sie säen nicht, sie ernten nicht und sammeln keine Vorräte in Scheunen; euer himmlischer Vater ernährt sie. Seid ihr nicht viel mehr wert als sie?* (Mt 6,26) Überhaupt die ganze Bergpredigt vom Schätzesammeln und Sorgen: Ich kenne das alles. Ich weiß das alles. Ich kenne auch die Kinderbücher, die es dazu gibt, zum Beispiel das wunderbare Bilderbuch *Frederick* von Leo Lionni, in dem Frederick, die Maus, Sonnenstrahlen und Farben und Wörter für den Winter sammelt statt wie die anderen Nüsse und Körner und Mais.

Aber das ist es nicht, was ich meine, wenn ich „heute" sage.

Seit dem Mord an meinem Bruder hat das „Heute" für mich einen ganz anderen Stellenwert. Seither weiß ich, dass nichts sicher ist und das Ende ungewiss. Dass man sich darauf nicht vorbereiten kann. Dass man auch nicht vorbereitet wird von einem „Vaterunser im Himmel". Dass man auf so etwas gar nicht vorbereitet werden kann, weil Gott mit diesen Dingen nichts zu tun hat.

In Berlin war von einer Minute auf die andere alles vorbei. Darum genügt mir selbst das „Heute" nicht mehr. Seither will ich nur noch das „Jetzt".

*

Unser tägliches Brot gib uns heute

Und so bete ich:

Gib mir das Brot,
das ich täglich von dir brauche.
Gib es mir jetzt,
in diesem Moment.
Gib mir deine Gaben:
Deinen Trost.
Deinen Halt.
Deine Nähe.
Deinen Schutz.
Deine Zuversicht.
Deine Stärke.
Deine Kraft.
Dein Reich.
Deine Rettung.
Deine Gnade.
Deinen Willen.
Meinen Glauben.
Und deinen Glauben an mich.
Danach sehne ich mich.
Bei Tag und Nacht.

Und vergib uns unsere Schuld

Das Kinderherz

Als Kind sprach ich abends dieses Gebet: *Schaffe in mir, Gott, ein reines Herz und gib mir einen neuen, beständigen Geist. Verwirf mich nicht von deinem Angesicht, und nimm deinen heiligen Geist nicht von mir.* Ich mochte es. Ein reines Herz, wer hat das schon. Ein neuer Geist, wer will das nicht. Verwirf mich nicht, anders gesagt, bleib bei mir, das gefiel mir. Für mich war das Gebet ein Zuspruch und hatte nichts damit zu tun, was an dem Tag geschehen war.

Was ich nicht wusste, war der Zusammenhang, in dem das Gebet steht. Dass es im Psalm 51 um Schuld und Sünde geht. *Gegen dich allein habe ich gesündigt, ich habe getan, was böse ist in deinen Augen,* heißt es kurz vorher. *So behältst du recht mit deinem Urteilsspruch, lauter stehst du da als Richter. Siehe, in Schuld bin ich geboren und in Sünde hat mich meine Mutter empfangen.*

Abend für Abend war es um meine Verfehlungen gegangen. Abend für Abend hatte ich um Vergebung gebetet. Hätte ich das gewusst, hätte ich das Gebet weder gemocht noch gebetet. Wer kann schon einschlafen, schuldbeladen und voller Sünden? Wer schläft schon gut mit einem Richter am Bett, der gleich den Urteilsspruch zur Hand hat?

Aber, wie gesagt, ich wusste nichts von alledem. Gott sei Dank.

Schuldgefühle kannte ich natürlich. Ein schlechtes Gewissen zu haben, war mir wohl vertraut. Weniger beim Schummeln in der Schule oder sonstigen kleineren Vergehen. Dafür umso mehr in anderen Fällen. So legte die Erziehung Wert darauf, taktvoll zu reagieren. Doch wem gelingt das schon als Kind? Und wem gelingt das immer? Ich erinnere mich noch lebhaft an Momente, in denen ich alles versuchte, dem gerecht zu werden, in denen ich mich bemühte, die Balance zu halten zwischen Ehrlichkeit und Takt, und es misslang. Die eine Erwachsenenwelt fand das amüsant, die andere tadelte. Und aus war es mit dem reinen Herzen.

Doch genug der Kindheit.

Vergib, vergib mir alles

Ein schlechtes Gewissen zu haben, ist mir nach wie vor vertraut. Auch das Bedürfnis nach einem reinen Herz. Manchmal gibt es einen konkreten Anlass, manchmal nicht. Oft sind es Erinnerungen, die mich quälen. Ich weiß, dass alle Fehler machen und es niemanden gibt, der nicht Schuld auf sich lädt im Laufe seines Lebens. Doch das hilft mir nicht. Denn es ändert nichts an mir. Und es ändert sich dadurch nichts für mich.

Ich kann versuchen zu ignorieren, was mich bedrückt, ich kann versuchen zu verdrängen, was auf mir lastet. Letztlich sind meine Verfehlungen immer da. Sie kriechen heraus aus meinen Erinnerungen und drängen sich zurück in mein Leben. Sie verursachen ein schlechtes Gewissen. Und treiben mich in Gewissensnot. Die Not kann gnadenlos sein. Denn auch wenn ich mich überwinde und mich dem Gegenüber öffne, meine Fehler einräume, um Verzeihung bitte und das Gegenüber sagt, ist schon gut, selbst dann kann sich die Schuld zuweilen als unbarmherzige Begleiterin erweisen. Hinein bis in meine Träume.

Dann geht es mir wie David, der im Weisheitslied aus Psalm 32 betet: *Selig der, dessen Frevel vergeben und dessen Sünde bedeckt ist. Selig der Mensch, dem der HERR die Schuld nicht zur Last legt und in dessen Geist keine Falschheit ist. Solang ich es verschwieg, zerfiel mein Gebein, den ganzen Tag musste ich stöhnen. Denn deine Hand liegt schwer auf mir bei Tag und bei Nacht; meine Lebenskraft war verdorrt wie durch die Glut des Sommers.*

Doch ich bin nicht selig. Ich erfülle ja schon kaum die Bergpredigt, in der Jesus sagt, wer selig ist. Ich werde zwar nicht verfolgt und selten verschmäht, Gott sei Dank! Aber ich dürste und hungere nach Gerechtigkeit, denn es gibt kaum etwas, das ich so verabscheue wie Ungerechtigkeit. Ich kenne auch die Trauer, ich kenne sie zur Genüge. Außerdem: Wann bin ich schon barmherzig, barmherzig wie der Samariter? Wo stifte ich Frieden, einen Frieden, der das Wort auch verdient und hält? Bin ich sanftmütig? Und reinen Herzens? Ja. Aber ...

Dieses Aber ist sehr groß.

Ganz gewiss bin ich nicht selig, wenn ich Schuld auf mich lade. Wenn meine Seele mit Sünde bedeckt ist und der Frevel auf ihr lastet. Wenn Falschheit auf meinem Geist liegt. Dann verdiene ich keine Vergebung. Und Gottes Hand liegt schwer auf mir bei Tag und Nacht. Und ich fühle mich verdorrt wie durch die Glut des Sommers ...

*

In solchen Momenten kommt mir manchmal ein Lied in den Sinn, es ist ein Trostlied über die Sehnsucht. Viele kennen es. Es stammt von Anne Quigley, übersetzt wurde es von Eugen Eckert:

Da wohnt ein Sehnen tief in mir, o Gott, nach dir, dich zu sehn, dir nah zu sein. Es ist ein Sehnen, ist ein Durst nach Glück, nach Liebe, wie nur du sie gibst.
Um Frieden, um Freiheit, um Hoffnung bitte ich. In Sorge, im Schmerz – sei da, sei mir nahe, Gott.
Um Einsicht, Beherztheit, um Beistand bitte ich. In Ohnmacht, in Furcht – sei da, sei mir nahe, Gott.
Um Heilung, um Ganzsein, um Zukunft bitte ich. In Krankheit, im Tod – sei da, sei mir nahe, Gott.
Dass du, Gott, das Sehnen, den Durst stillst, bitte ich. Ich hoffe auf dich – sei da, sei mit nahe, Gott.

Doch da ist wenig Trost. Und die Sehnsucht bleibt unerfüllt, die nach einem reinen Herzen. Die Ohnmacht und der Schmerz gehen nicht weg. Die Furcht und die Sorge, dass ich nicht selig sein kann. Dass mein Herz unrein ist. Dass Gott mich von seinem Angesicht verwirft. Weil ich schuldig geworden bin. Und ich bitte um Frieden und Beistand und Heilung.

Aber da kommt nichts.

*

Und ich wünschte, ich könnte fortfahren wie David in seinem Weisheitslied: *Da bekannte ich dir meine Sünde und verbarg nicht länger meine Schuld vor dir. Ich sagte: Meine Frevel will ich dem HERRN bekennen. Und du hast die Schuld meiner Sünde vergeben. Darum soll jeder Fromme zu dir beten; solange du dich finden lässt. Fluten hohe Wasser heran, ihn werden sie nicht erreichen. Du bist mein Schutz, du bewahrst mich vor Not und rettest mich und hüllst mich in Jubel.*

Doch es gelingt mir nicht. So sehr mich mein Herz auch drängt, Gott anzuflehen: „Vater, vergib mir, vergib mir alles!" – Ich kann es nicht. Es kommt mir unlauter vor.

Ich bin schuldig und ich fühle mich schuldig und ich spüre die Last der Schuld auf meiner Seele und ich verstecke meine Schuld vor Gott. Denn auf Vergebung zu hoffen, wage ich nicht. Wer bin ich, Gott zu sagen: „Du bist mein Schutz, du bewahrst mich vor Not, du rettest mich, du hüllst mich in Jubel."? Da kann ich noch so fromm sein wollen. Ich schaffe es nicht, wie David zu beten.

Und dann kommen mir Petrus und Judas in den Sinn, die beide erfuhren, was Schuld bedeutet, und damit nicht zurechtkamen. Der eine, der Jesus dreimal verleugnet. Der andere, der ihn verrät. Der eine, der daraufhin weint. Der andere, der sich am Ende erhängt.

Kein Meer ist tief genug

Unvergessen ist mir die Darstellung der beiden bei den Passionsspielen in Oberammergau Anfang Juni 2022. Unvergessen auch deshalb, weil sie in einer Zeit gezeigt wurde, die alles andere als leicht war für die Kirche. Was für ein Kontrast das war zwischen dem Elementaren in Oberammergau und den Skandalen in der römisch-katholischen Kirche. Was für ein Widerspruch zwischen dem Existenziellen der Passion und dem desaströsen Zustand der Kirche.

Mehrere Dinge waren zusammengekommen.

Andreas Sturm, ehemaliger Generalvikar im Bistum Speyer, hatte der Kirche den Rücken gekehrt und ein Buch darüber veröffentlicht mit dem Titel „Ich muss raus aus dieser Kirche!".

Das sorgte für erhebliche Furore. Denn mit Sturm war einer der ranghöchsten Kirchenmänner in Deutschland aus der römisch-katholischen Kirche ausgetreten. „Weil ich Mensch bleiben will", wie er schrieb.

Kurz vor der Buchpräsentation hatte eine andere Nachricht die Kirche erschüttert. Christof May, Domkapitular und Leiter des Priesterseminars im Bistum Limburg, hatte sich das Leben genommen. Zweieinhalb Jahre zuvor war er durch eine Predigt weit über die Grenzen des Bistums hinaus bekannt geworden. Die Predigt, die er coronabedingt in einer fast leeren Kirche gehalten hatte, wurde gestreamt und danach ins Internet gestellt. Und der Priester wurde schnell zum Hoffnungsträger für die vielen Gläubigen, die sich eine liberalere Kirche wünschen: wiederverheiratete Geschiedene, die gemeinsam zur Kommunion gehen wollen, Menschen, die auf die Weihe von Frauen hoffen, Homosexuelle, die sich nicht länger verstecken wollen. Doch als „Vorwürfe übergriffigen Verhaltens" gegen ihn bekannt wurden, wie es in der Amtssprache hieß, nahm sich May das Leben.

Wie schneidend Sturms Titel dazu passte: „Ich muss raus aus dieser Kirche!"

Das größte Desaster für die Kirche aber war ein neuerliches Missbrauchsgutachten, diesmal aus Münster für die Zeit von 1945 bis 2020. Von mehr als 600 Betroffenen war die Rede. Die Dunkelziffer war Schätzungen zufolge acht- bis zehnmal so hoch. Es ging tatsächlich also um 6000 Opfer, allesamt minderjährig. 6000 Menschen, fürs Leben gezeichnet. Knapp 200 beschuldigte Kleriker listete das Gutachten auf. Viele wussten viel im Bistum. Und abermals wurden die Täter geschützt und nicht die Betroffenen. – Der Bericht war so grauenvoll, dass es mir die Sprache verschlug.

Wie soll sich die katholische Kirche davon jemals erholen? Wie grundlegend muss sie sich ändern, in ihren Machtstrukturen, in der Hierarchie, in ihrer vermeintlichen Unantastbarkeit, dass die Menschen ihr wieder vertrauen? Sie ist doch für die Menschen da und nicht um ihrer selbst willen.

Das war der Zustand, in dem sich die römisch-katholische Kirche während der Passionsspiele befand. Skandale, wo man auch hinschaute. Enttäuschung, Verzweiflung und Trauer. Fassungslosigkeit, Ratlosigkeit und Ohnmacht. Und das waren die Folgen: Kopfschütteln, Empörung und Wut. Viele traten aus.

Kaum noch jemand traute sich, Gutes zu berichten. Seltsam erschien es, Hoffnung zu haben. Zu nah lag der Verdacht, die Verbrechen zu relativieren. „Ich muss raus aus dieser Kirche." Wer hätte das nicht verstehen können?

*

Genau zu dieser Zeit waren täglich 4500 Menschen in Oberammergau. Und niemand kehrte ungerührt zurück. Auch ich nicht.

Ich spürte den besonderen Ort, an dem die Oberammergauer 1634, mitten im Dreißigjährigen Krieg, nach monatelangem Leiden und Sterben an der Pest, das Gelöbnis ablegten, alle zehn Jahre das „Spiel vom Leiden, Sterben und Auferstehen" Jesu Christi aufzuführen.

Ich ereiferte mich mit Jesus, wenn er die Priester zurechtwies, denen es nur um die Einhaltung von Ritualen und Vorschriften ging: „Ihr lasst das Wichtigste im Gesetz beiseite, nämlich das Recht, die Barmherzigkeit und den Glauben!"

Ich rang mit Petrus, der verzweifelt rief: „Fluch meiner Untreue! Fluch meiner schändlichen Feigheit! Ihn zu verraten! Ich kann nicht begreifen, wie ich mich so vergessen konnte. – Jesus! Hast du noch eine Gnade für mich, eine Gnade für einen Treulosen, so sende sie mir! Höre die Stimme meines reuigen Herzens!" – Mehr Sehnsucht geht nicht.

Ich fiel mit Judas, als der Chor sang: „Seht, Judas stürzt ins Dunkel hin!" Ich litt mit ihm, als er weinte: „Wo gehe ich hin, meine Schande zu verbergen, meine Qualen abzustreifen? Kein Ort ist finster genug, kein Meer ist tief genug!" Und sich das Leben nahm.

Und ich betete mit dem Chor:

Lass gnädig, Herr, die ausgestoßen,
die ohne Trost, die Ruhelosen,
Verzweifelte und Verräter,
die Opfer und die Täter,
die in Ängsten, die in Sünden,
bei dir Ruhe und Vergebung finden.

Das alles war so existenziell, dass es dafür kaum Worte gibt.

Am Ende aber wusste ich wieder, worum es in der Kirche geht, worum es auch der Kirche gehen muss, will sie bestehen: Um das Leben. Und die Hoffnung. Um Barmherzigkeit. Und Gnade. Um Jesus. Und den Glauben.

Am Ende wusste ich auch: Ich will nicht raus aus dieser Kirche, trotz allem. Weil ich ein Mensch bin. Und glaube.

Das Herz Gottes

„Kein Ort ist finster genug, kein Meer ist tief genug!" Das kenne ich auch von mir. Doch es gibt einen Ausweg, einen katholischen, und auch den kenne ich. Es ist die Loslösung von der

Schuld. Davon weiß ich freilich erst, seit ich katholisch bin. Seither weiß ich, dass es katholische Momente gibt, die mich glücklich machen können. Es sind Momente, in denen ich es wage, mich Gott anzuvertrauen und um Vergebung zu bitten.

Ich bin glücklich, wenn ich das Sakrament der Versöhnung, die Beichte, empfangen darf. Glücklich, wenn ich losgesprochen werde von meiner Schuld. Glücklich, weil ich Barmherzigkeit erfahre und Gottes Gnade. Glücklich, weil ich erlebe, was Freiheit sein kann.

Immer wieder habe ich erlebt, wie mich das Sakrament der Versöhnung verändert, wie es mich wandelt und befreit. Immer wieder habe ich erfahren, dass es ein Zeichen der Nähe Gottes ist. Weil es von Gott kommt. Und der Priester nur an Gottes Stelle handelt.

Kein anderer hat je so gut geschildert, was es damit auf sich hat, wie Papst Franziskus im Jahr 2021. Seine Worte sind so überzeugend, weil er von sich sprach.

„Wenn ich zur Beichte gehe, dann um Heilung für mich zu erlangen, Heilung für meine Seele. Um dann mit mehr geistlicher Gesundheit weiterzugehen. Um von der Erbärmlichkeit zum Erbarmen zu gelangen." Das war für mich wie eine Offenbarung. Denn genau das ist es: Die unfassbar barmherzige Möglichkeit, von der Erbärmlichkeit zum Erbarmen zu gelangen. Weg von der Schuld, weg von der Unbarmherzigkeit der Erinnerung. Weg von ihrer Gnadenlosigkeit. Hin zu Gottes Erbarmen. Und zu seiner Gnade.

„Das Zentrum der Beichte sind nicht die Sünden, die wir bekennen, sondern es ist die göttliche Liebe, die wir empfangen und die wir immer brauchen", fuhr Franziskus fort. „Das Zentrum der Beichte ist Jesus, der uns erwartet, uns zuhört und uns vergibt."

Seit ich das gelesen habe, versuche ich, nicht an den Priester zu denken, sondern an Jesus.

An Jesus, der mich erwartet.

An Jesus, der mir zuhört.

An Jesus, der mir vergibt.

„Denkt daran", schloss der Papst seine Worte, „im Herzen Gottes sind zuerst wir, noch vor unseren Fehlern." Da war es wieder, das Herz. Doch diesmal stand nicht mein Kinderherz im Zentrum, wie früher in meinem Abendgebet. Es ging auch nicht um mein erwachsenes Herz, das David am Ende seines Weisheitsliedes vom Sündenbekenntnis und der Vergebung besingt: *Freut euch am HERRN und jauchzt, ihr Gerechten, jubelt alle, ihr Menschen mit redlichem Herzen!*

Diesmal war es das Herz Gottes.

Daran will ich denken, wenn ich wieder Schuld auf mich lade. Wenn meine Seele mit Sünde bedeckt ist und der Frevel auf ihr lastet. Wenn Falschheit auf meinem Geist liegt. Wenn Gottes Hand schwer auf mir liegt bei Tag und Nacht. Und ich Gott bitte, mein Schutz zu sein, mich vor Not zu bewahren, mich zu retten und mich in Jubel zu hüllen. Frei von Schuld. Wie David in seinem Weisheitslied. An sein Herz.

*

Und so bete ich mein Kindergebet, neu und anders:

Schaffe in mir, Gott, ein reines Herz,
und gib mir einen neuen, beständigen Geist.
Hast du noch eine Gnade für mich,
so sende sie mir, mein Gott.
Hilf mir, wenn das Meer zu tief ist

und die Schuld mich erdrückt.
Darum vergib mir, Abba.
vergib mir alles.
Lass mich in deinem Herzen sein
– und nicht meine Fehler.
Verwirf mich nicht von deinem Angesicht,
und nimm deinen heiligen Geist nicht von mir.

Wie auch wir vergeben unseren Schuldigern

Die Worte *wie auch wir vergeben unseren Schuldigern* sind die vielleicht sonderbarsten im ganzen Vaterunser. Die schwierigsten sind sie allemal – für mich. Sie stellen mich vor eine Aufgabe, die ich kaum bewältigen kann. Jedes Mal fragte ich mich: Was verlangt Jesus da eigentlich von mir? Weiß Gott nicht, dass ich das kaum erfüllen kann?

„wie auch"?

Das fängt schon beim „auch" an, genauer beim „wie auch". Niemand kann vergeben, wie Gott es tut. Es wäre anmaßend, das zu behaupten. Ich kann nicht vergeben wie Gott. Das hat drei Gründe.

Erstens:
Gott ist gut und bereit zu vergeben, reich an Liebe für alle, die zu ihm rufen (vgl. Ps 86,5). Ich nicht. Ich bin weder gut noch reich an Liebe für alle, die etwas von mir wollen. Schon gar nicht, wenn es ums Vergeben geht. Dazu bin ich keineswegs immer bereit, auch weil ich es oft nicht kann.

Gott ist gnädig und barmherzig. Er wird sein Angesicht nicht von euch abwenden, wenn ihr zu ihm umkehrt. (2 Chr 30,9) Gott ist gnädig. Ich nicht. Gott ist barmherzig. Ich nicht. Gott wendet sich nicht ab, wenn jemand zu ihm kommt. Ich mache das durchaus. Leider.

Wer ist Gott wie du, der Schuld verzeiht und an der Verfehlung vorübergeht ...! Nicht hält er auf ewig fest an seinem Zorn, denn er hat Wohlgefallen daran, gütig zu sein. (Mi 7,18) Noch ein Unterschied zwischen ihm und mir: Gott hält nie fest an seinem Zorn. Ich kann das nicht. Gott ist immer frei von Schuld. Ich nie. Er ist gütig. Ich nicht.

Gott ist die Sühne für unsere Sünden, aber nicht nur für unsere Sünden, sondern auch für die der ganzen Welt. (1 Joh 2,2) Gott kann der ganzen Welt vergeben. Ich könnte nicht weiter davon entfernt sein.

Gott und mich verbindet kein „auch".

Zweitens:
Wenn wir Menschen einen Fehler machen, tragen wir die Verantwortung. Der „Vaterunser im Himmel" ist nicht verantwortlich für das, was „auf Erden" geschieht. Gott hat die Welt erschaffen und uns Menschen mit einem eigenen Geist ausgestattet, dem Verstand. Was wir damit machen, liegt an uns. Was daraus folgt, nicht minder. Wir müssen mit den Konsequenzen leben, den guten und schlechten. Wir allein sind haftbar für das, was wir tun. Es Gott zuzuschreiben, wäre allzu leicht. Es würde überdies dem Übel Tür und Tor öffnen.

Deshalb stimmt das „wie auch" nicht.

Drittens:
„Das Zentrum der Beichte ist Jesus, der uns erwartet, uns zuhört und uns vergibt", sagt Papst Franziskus.

Erwarte ich den, der an mir schuldig wurde, immer so offen und barmherzig, wie Jesus es tat? Nein. Bin ich in der Lage, ihm zuzuhören, wie Jesus uns zuhört? Nein. Will ich vergeben? Ja. Trotzdem gibt es Verfehlungen, die ich nicht vergessen kann. Es sind Verfehlungen, die ich weder vergeben kann noch vergeben will. Doch die sind selten.

Auch der Vergleich mit Jesus scheitert. Er scheitert immer. Er muss scheitern, weil Jesus mir zwar zeigen kann, wie Vergebung funktioniert, ich aber nicht in der Lage bin, es ihm gleichzutun.

Jesus und mich verbindet ebenfalls kein „auch".

Die Conditio sine qua non

Die Bitte im Vaterunser verknüpft den Satz *vergib uns unsere Schuld* mit den Worten *wie auch wir vergeben unseren Schuldigern*. Darin liegt der Konflikt. Das ist das eigentliche Problem: Offenbar gibt es das eine nicht ohne das andere.

Jesus steigert den Satz aus dem Vaterunser sogar noch, indem er direkt im Anschluss an das Gebet sagt: *Wenn ihr den Menschen ihre Verfehlungen vergebt, dann wird euer himmlischer Vater auch euch vergeben. Wenn ihr aber den Menschen nicht vergebt, dann wird euch euer Vater eure Verfehlungen auch nicht vergeben.* (Mt 6,14–15) Aus dem „vergib uns" wird ein „wird ... nicht vergeben".

Gott, der bedingungslos liebt und bedingungslos an unserer Seite steht, vergibt nicht einfach so. Seine Vergebung ist an die Voraussetzung gebunden, dass ich vergebe. Sie hat einen Preis. Nicht nur muss ich in der Lage sein zu vergeben. Ich muss es auch tun.

Meine Vergebung ist, juristisch gesagt, die *Conditio sine qua non* für seine Vergebung.

Noch unerreichbarer wird Vergebung, wenn man sich einen Dialog zwischen Petrus und Jesus vor Augen führt. Als Petrus ihn fragt: *Herr, wie oft muss ich meinem Bruder vergeben, wenn er gegen mich sündigt? Bis zu siebenmal?*, antwortet Jesus: *Ich sage dir nicht: Bis zu siebenmal, sondern bis zu siebzigmal siebenmal.* (Mt 18,21–22)

Wenn ich es noch nicht einmal schaffe zu vergeben, wie soll es mir dann gelingen, „bis zu siebzigmal siebenmal" zu vergeben? Ich kann das nicht. Denn es kommt dem Gebot der Feindesliebe sehr nahe. Und der Aufforderung, denen Gutes zu, die mich hassen. Das überfordert mich.

It's a No-win-Situation.

Die Quadratur des Kreises

Und nun? Was, wenn ich nicht vergeben kann? Wenn ich nicht fähig bin zu verzeihen? Vielleicht weil die Verfehlung so groß ist, dass ich sie weder tragen noch ertragen kann? Vielleicht weil ich den Hass auf mich nicht aushalte? Vielleicht weil die Verletzung zu gewaltig ist und der Schmerz zu stark?

Muss ich dann damit rechnen, dass Gott mir nicht vergibt? Muss ich dann darauf verzichten, jetzt und für alle Zukunft? Soll der Entzug der Vergebung etwa eine Strafe sein? Wenn das so wäre, käme zum alten Schmerz ein neuer hinzu. Es wäre eine doppelte Strafe.

Was für ein Dilemma. Ich kann nicht vergeben, wie „auch" Gott mir vergibt. Gleichzeitig muss ich es können, weil Gott sonst mir nicht vergibt. Dagegen ist die Quadratur des Kreises eine Kleinigkeit.

Kriminalgericht, Saal 500

Der Zufall wollte es, dass ich zur Zeit des Berliner Prozesses ein Buch von Ferdinand von Schirach las, es war *Der Fall Collini*. Vielleicht war es auch kein Zufall, denn mein Bruder und ich mochten den Autor, Fritz schon länger als ich. Von Anfang an hatte er mich mit seinen Werken versorgt. Einmal wollte ich die Sache umdrehen und ihm ein Buch von Schirach schenken, *Kaffee und Zigaretten*. Nicht nur, weil es ein sehr gutes Buch ist, sondern auch, weil Fritz und ich oft bei Kaffee und Zigaretten geplaudert hatten. Ich hatte das Buch bereits ein zweites Mal erworben, für ihn – da schickte er mir just jenes Werk.

Es war das letzte Geschenk, das ich von ihm bekam. Längst ist es zerlesen und mit Spuren übersät. Mit Spuren traurigschöner Erinnerungen.

Etwa zwei Jahre später war der Prozess. Ich befand mich wie so oft am Münchner Bahnhof. Ging durch die Bahnhofsbuchhandlung. Stöberte herum. Suchte etwas zu lesen, obwohl ich ein Buch dabeihatte. Suchte etwas leichtes, das mich ablenken sollte auf einer der ungezählten Zugfahrten von der Isar an die Spree. Irgendetwas. *Der Spiegel* oder der *Stern*, die *Bunte*, egal, Hauptsache, ich kam auf andere Gedanken. Während ich vor mich hin suchte, sah ich auf einmal das Buch *Der Fall Collini*. Ein Buch von Ferdinand von Schirach, das ich noch nicht kannte. „Was treibt einen Menschen, der sich ein Leben lang nichts hat zuschulden kommen lassen, zu einem Mord?", stand auf der Rückseite.

Ausgerechnet.

*

Das Buch lag da, als habe es auf mich gewartet. Und ich dachte an Fritz und an *Kaffee und Zigaretten* und an die vielen Gespräche, die wir hatten, und ich kaufte das Buch. Im Zug las ich es dann. Atemlos.

Es war nicht nur der Fall, der mich in den Bann zog. Es war auch die Schilderung des Gerichts und des Gerichtssaales, in dem weite Teile der Handlung spielen. Denn es ist nicht irgendein Gericht, kein fiktiver Gerichtssaal irgendwo in Deutschland. Sondern das Kriminalgericht Moabit in Berlin und der Saal 500. Das Gericht, in dem „unser" Prozess abgehalten wurde. Der Saal, in dem wir Woche für Woche saßen. Und es stimmte alles. Bis hin zum Café gegenüber, in dem auch wir mit unseren Anwälten die Pausen verbrachten.

Ich konnte nicht aufhören zu lesen. Ich las, wie der Anwalt seinen Kaffee an der Theke bezahlte und über die Straße zum Haupteingang des Gerichts ging. Wie er den Beamten seinen Hausausweis zeigte und vorbeigelassen wurde an der langen Schlange der Besucher und schließlich in der Mittelhalle des Gerichts stand.

Genau wie wir.

Ich las weiter. Wie überwältigt er von der Halle war, „dreißig Meter hoch, eine Kathedrale". Überwältigt auch von den Steinplastiken über dem Treppenhaus, die bedrohlich nach unten blicken, die sechs Darstellungen der Religion, der Gerechtigkeit, der Streitsucht, der Friedfertigkeit, der Lüge und der Wahrheit.

Ich weiß nicht, wie oft ich sie fotografiert habe.

Ich las, wie der Anwalt die Bodenfliesen entdeckte auf denen die Buchstaben „KCG" eingebrannt sind, die Insignien für „Königliches Criminal Gericht".

Auch die hatte ich entdeckt.

Und dann kam dieser Satz: „Leinen nahm einen versteckten Aufzug im Seitenflügel, fuhr in den ersten Stock und betrat den Saal 500."

Wir hatten zwar immer das große Treppenhaus gewählt. Als wir aber in einer Sitzungspause einmal in einen der Seitenflügel gingen und uns natürlich verliefen, war der versteckte Aufzug plötzlich vor uns, mit dem der Anwalt in Schirachs Buch in den ersten Stock gefahren war. Zum Saal 500. Zu dem Saal, in dem auch wir gewesen waren. Woche für Woche für Woche.

Später schrieb ich Ferdinand von Schirach und berichtete ihm davon, auch von Fritz' und meiner Schirach-Bücher-Geschichte. Keine zwei Tage später schrieb er zurück.

Der Fall Collini und der Antwortbrief gehören zu den wertvollen Dingen in meinem Leben. Weil sie für mich mein Bruder sind. Alle beide.

Wenn Vergebung zum Verrat wird

Über den Prozess habe ich schon an anderer Stelle geschrieben. Wie es war, dem Täter gegenüberzusitzen. Ihm zuzuhören, wenn er sich von seinem Platz hinter dem Sicherheitsglas entfernte und nach vorn zu seinen Anwälten setzte, nur zwei, drei Meter von mir entfernt. Ihm in die Augen zu schauen. Ihn so lange mit Blicken zu fixieren, bis er wegschauen würde. Ihn in die Knie zu zwingen. Ihm nicht die Genugtuung zu verschaffen, mich beugen zu können. Ihm zu zeigen, dass er keine Macht hat über mich. Ihm keinen Raum zu lassen, nicht einen Zentimeter. Ihn nicht bestehen zu lassen. Und über ihn zu siegen. Für den Bruder. Weil Fritz gewollt hätte, dass ich mich behaupte. Und der Mörder wich den Blicken aus. Jedes Mal.

Und wir hatten gewonnen, mein Bruder und ich.

Was aber soll ich bei all dem mit den Vaterunser-Worten *wie auch wir vergeben unseren Schuldigern* anfangen? Verlangt Gott von mir, dass ich dem Mörder verzeihe?

Du sollst in deinem Herzen keinen Hass gegen deinen Bruder tragen. Weise deinen Mitbürger zurecht, so wirst du seinetwegen keine Sünde auf dich laden. An den Kindern deines Volkes sollst du dich nicht rächen und ihnen nichts nachtragen. Du sollst deinen Nächsten lieben wie dich selbst. Ich bin der HERR, heißt es im Buch Levitikus (19,17–18).

Nie war mir der Täter ein Bruder. Aber ich hasste ihn auch nicht. Ich verachtete ihn, aus tiefster Seele. Das tue ich nach wie vor.

Nie wäre ich auf die Idee gekommen, ihn zurechtzuweisen. Es war ohnehin zu spät, die Tat war schon geschehen. Aber ich hätte es auch nicht getan, jetzt, da alles vorbei war. Wenn ich dadurch Sünde auf mich geladen habe, dann ist es eben so.

Rache nehmen wollte ich nicht, abgesehen von wilden Fantasien, die wir uns ausdachten, um uns Luft zu verschaffen. Wenn niemand dabei war.

Zur Liebe muss ich mich nicht äußern. Erstens war der Täter nicht mein Nächster. Zweitens könnte ich ihn niemals lieben. Nicht ihn, den Mörder.

„Das Zentrum der Beichte ist Jesus, der uns erwartet, uns zuhört und uns vergibt." Das hatte Papst Franziskus zum Sakrament der Versöhnung gesagt. Wahr ist, dass ich dem Täter zuhören musste. Doch ich tat es nicht freiwillig. Wahr ist aber auch, dass ich nicht bereit war, ihn zu „erwarten". Schon gar nicht war ich fähig, ihm zu vergeben – zumal er nie darum gebeten hat. Im Gegenteil: Bis zum Schluss verteidigte er vor Gericht seine „Mission".

Das Einzige, das ich tun kann, ist, ihm keine Macht (mehr) über mich einzuräumen. Ihm die Aufmerksamkeit zu nehmen, die er jahrzehntelang haben wollte; die Bedeutung, für die er sich Zusammenhänge eingebildet hatte, die gegen jede Vernunft waren und noch immer jenseits meines Vorstellungsvermögens sind. Ich will mich nicht mehr mit ihm beschäftigen. Ich will nicht, dass mein Leben beherrscht wird von meiner Wut auf ihn und von meiner Abscheu. Ich will nicht den Rest meines Lebens mit Feindseligkeit verbringen. Ich will ihn nicht mehr in meinen Leben haben.

Immer wieder bitte ich Gott, mir nicht abzuverlangen, dass ich dem Mörder verzeihe. Denn das kann ich nicht. Und ich will es auch nicht. Es käme mir vor wie ein Verrat.

Ein Verrat an meinem Bruder.

Die verlorene Tochter

In der Regel bemühe ich mich, „meinen Schuldigern" zu vergeben. Vor allem wenn sie sich ihr reines Herz zurückwünschen. Weil ihnen der Streit leidtut. Und sie um Vergebung bitten. Das sind gewichtige Gründe, auch für mich. Denn natürlich möchte ich nicht, dass jemand meinetwegen Schuldgefühle hat. Es ist mir unangenehm, wenn es anderen schlecht geht, wenn sie ein schlechtes Gewissen haben, um meinetwillen. Darum bin ich meist sogar sehr schnell bereit, anderen zu vergeben.

Oft aber tue ich es auch für mich.

Denn ich mag keinen Unfrieden. Und Missstimmungen ertrage ich schlecht. Ich bin ein Kind der Harmonie, das manchmal womöglich zu harmoniebedürftig ist. Ich kann es nicht leiden, ein schlechtes Gewissen zu haben, trotzdem habe ich es

Wochenzeitschrift für Religion, Kultur, Kirche und Gesellschaft

Christ in der Gegenwart

Karte bitte ausfüllen und abschicken:
mit der Post oder
per Fax an (0761) 2717 222

Bestelltelefon: (0761) 2717 200
E-Mail: kundenservice@herder.de
www.christ-in-der-gegenwart.de

4 WOCHEN KOSTENLOS TESTEN

CG-B2206BB

Deutsche Post
ANTWORT

Christ in der Gegenwart
Verlag Herder
79080 Freiburg

Bitte freimachen, falls Marke zur Hand

oft. Darum suche ich die Schuld häufig bei mir, wenn es zum Streit kommt, selbst wenn ich weiß, dass ich nicht der Grund bin. Ich versuche viel, damit wieder Ruhe einkehrt. Frieden. Freundlichkeit. Eintracht. Eben Harmonie.

Vielleicht ist das ein unlauteres Motiv, jemandem zu vergeben. Doch ich kann es nicht ändern. Ich bin ein Mensch, kein Übermensch.

Ich bin eine verlorene Tochter. Eine Tochter, die den Vorteil für sich sucht. Wie der verlorene Sohn im gleichnamigen Gleichnis.

Der barmherzige Vater

Was also verlangt Jesus von mir, wenn er mich beten lässt *wie auch wir vergeben unseren Schuldigern*? Meint er buchstabengetreu, was er sagt? Ist Gott wirklich so?

Ich kann mir nicht vorstellen, dass Gott mich bestraft, obwohl ich mir Mühe gebe, aber versage. Ich kann mir nicht vorstellen, dass Gott mich fallen lässt, wenn ich nicht erfüllen kann, was er von mir verlangt.

Es heißt doch in der Bibel: *Zerreißt eure Herzen und nicht eure Kleider und kehrt um zu dem HERRN, eurem Gott! Denn er ist gnädig, barmherzig, geduldig und von großer Güte, und es reut ihn bald die Strafe.* (Joel 2,13 nach Luther). Seine Gnade. Seine Barmherzigkeit. Seine Geduld. Seine große Güte. Sie gelten mir. Auch, dass ihn bald die Strafe reut.

Gott ist nicht nachtragend. Er verzeiht. Er erwartet mich, wenn ich umkehre. Er geht mir entgegen, wenn ich ihm entgegengehe. Er öffnet seine Arme, wenn ich zu ihm komme. Er hält mich, wenn ich bei ihm bin. Wie der barmherzige Vater im Gleichnis vom verlorenen Sohn. Der Vater, der seinen Sohn schon von weitem kommen sieht, ihm entgegenläuft, ihn in die Arme schließt und küsst, ganz ohne Groll. Ohne Moralpredigt. Und ohne Vorwürfe. Der Vater kann nicht ungeschehen machen, was der verlorene Sohn getan hatte, als er über die Stränge schlug. Trotzdem gibt er ihm zu Ehren ein Fest.

Der barmherzige Vater ist Gott. Er kann die Vergangenheit abschließen und meinen Blick nach vorne richten. Denn er ist ein Gott der Gegenwart. „Wie er dich findet, so nimmt und empfängt er dich; nicht als das, was du gewesen, sondern als das, was du jetzt bist." (Meister Eckhart) Mich, die verlorene Tochter.

Mir eilt Gott entgegen.

„damit auch"!

Nein, die Bitte um Vergebung im Vaterunser ist keine Quadratur des Kreises. Sie ist auch keine Anmaßung, denn sie fordert nicht von mir, dass ich vergebe, wie Gott es tut. Sie ist auch keine *Conditio sine qua non*. Sie ist keine Bedingung, damit *er* mir vergibt. Sie ist vielmehr die Voraussetzung dafür, dass *ich* vergeben kann. Ich brauche Gottes Vergebung, um mit mir ins Reine zu kommen. Damit es ruhig wird in meinem Herzen. Losgesprochen von meiner Schuld kann ich loslassen. So kann ich auf andere zugehen und vergeben.

Es gibt ein Gebet von Martin Luther, das Felix Mendelssohn Bartholdy im Jahr 1831 wunderschön vertonte:

Verleih uns Frieden gnädiglich,
Herr Gott, zu unsern Zeiten!

*Es ist doch ja kein andrer nicht,
der für uns könnte streiten,
denn du, unser Gott, alleine.*

Frieden und Vergebung. Sie bedingen einander. Ohne den Frieden, den nur Gott mir verleihen kann, kann ich nicht vergeben. Gott will nicht nur, dass ich vergebe. Er will auch, dass ich vergeben *kann*. Er möchte Frieden in meinem Herzen und in den Herzen der anderen.

Gott holt mich aus der Finsternis, auch aus der Finsternis des Nichtvergeben-Könnens. Weil er mich aufgenommen hat in das „Reich seines geliebten Sohnes", der das „Ebenbild des unsichtbaren Gottes" ist (vgl. Kol 1,13–15). *Durch ihn haben wir die Erlösung, die Vergebung der Sünden.*

„Denkt daran", hatte Papst Franziskus 2021 gesagt, „im Herzen Gottes sind zuerst wir, noch vor unseren Fehlern." Vor Gott, der mit mir geduldig ist, der mir gnädig ist, bin immer zuerst ich – auch vor meinem Fehler, nicht vergeben zu können, aus welchem Grund auch immer. Denn er allein kann für mich streiten. Er kann mir Frieden schenken, zu meinen Zeiten.

Darum lautet die Bitte, *„wie auch" wir vergeben unseren Schuldigern*, in Wahrheit: *„damit auch" wir unseren Schuldigern vergeben „können".* Nur so lässt sie sich erfüllen.

*

Und so bete ich:

Abba, vergib mir meine Schuld,
damit auch ich vergeben kann.

Wie auch wir vergeben unseren Schuldigern

Vergib mir, wenn ich nicht vergeben kann,
weil der Schmerz in mir zu groß ist.
Vergib mir, wenn ich nicht vergeben will,
weil es ein Verrat wäre, am anderen.
Vergib mir,
wenn ich Frieden will um meinetwillen.
Verleih mir deinen Frieden.
Mein Gott, zu meinen Zeiten.

Und führe uns nicht in Versuchung

Und führe uns nicht in Versuchung – In Versuchung? Welche Versuchung meint Jesus? Was heißt überhaupt „in" Versuchung führen? In die? In der? Hinein? Herum? Heraus? Und welchen Versuchungen unterliege ich?

Von kleinen und großen Versuchungen

Ich kenne viele Versuchungen. Mein Leben ist eine einzige Versuchung, weil es aus lauter Ups und Downs besteht. Ich kenne die Versuchung, andere zu ärgern, wenn ich mich über sie ärgere. Ich kenne die Versuchung der Rache, obwohl ich mich nie räche. Ich kenne die Versuchung, andere im Stich zu lassen, auch wenn ich mich bemühe, das nicht zu tun. Ich kenne die Versuchung, mehr von mir zu fordern, als ich geben kann. Ich kenne die Versuchung, lange im Internet zu zappen, und darüber regt sich meine Umwelt auf. Ich kenne die Versuchung zu fluchen, und das tut manchmal richtig gut. Und so weiter.

Doch mit keiner dieser Versuchungen hat Gott etwas zu tun. Es sind allein meine Versuchungen. Was ich damit mache, liegt ausschließlich bei mir. Nur ich bin verantwortlich, ob ich ihnen nachgebe oder nicht. Gott nicht.

Und dann gibt es Versuchungen, die buchstäblich ans Leben gehen können. Ich meine nicht lässliche Sünden wie das Rauchen, auch wenn das ungesund ist und zum Tod führen kann. Es sind Versuchungen, die Menschen überkommen können, wenn sie verzweifelt sind, wenn sie nicht wissen, wie es weitergehen soll, und sie end-gültig genug haben. Wobei „Versuchung" das falsche Wort ist. Es ist eher ein Verlangen. Ein Drang ins vermeintlich Unausweichliche. Der Wunsch, dem Leben ein Ende zu setzen.

*

Ich kannte Menschen, die sich das Leben genommen haben. Nie geschah das spontan und nie „einfach so". In keinem einzigen Fall. Da bin ich mir sicher.

Ich kenne auch Menschen, die den Wunsch geäußert haben, selbstbestimmt aus dem Leben zu scheiden. Bei einer unheilbaren Krankheit. Bei unerträglichen Schmerzen. In einer medizinisch ausweglosen Situation. Ich habe lange überlegt, ob ich das mitmachen sollte. Ob ich die begleiten sollte, die sich für diesen Weg entscheiden, den Weg des assistierten Suizids.

Ich würde es tun.

Der Grund ist kein juristischer. Ich würde es nicht tun, weil es rechtlich erlaubt ist, denn Beihilfe zur Selbsttötung ist mangels strafbarer Haupttat nicht strafbewehrt. Ich würde es tun, weil ich es richtig finde. Ich bin doch nicht nur dazu da, gute Laune zu verbreiten und Mut zuzusprechen, wenn jemand im Krankenhaus liegt und dem Tod näher ist als dem Leben. Ich kann doch nicht einfach wegschauen, wenn die Not überhandnimmt. Ich kann doch nicht einfach sagen: Mach, was du willst, aber bitte ohne mich. So eine bin ich nicht, eine, die bloß sich im Blick hat. Eine, die wegsieht, wenn es darauf ankommt.

Das ist nicht mein Weg.

Niemand sollte sich ein Urteil darüber erlauben. Weder über den Wunsch, begleitet, also „assistiert" in den Tod zu gehen. Noch über Leute, die Sterbewillige nicht begleiten wollen oder können. Aber eben auch nicht über Menschen, die bereit sind, einer Person beizustehen, die Sterbehilfe möchte. Denn niemand kennt die Situation, in der es dazu kommt – außer dem Betroffenen. Die Situation ist nie theoretisch. Sie ist immer konkret. Und hat immer Gründe.

Ich spreche nur für mich. Über das, was andere tun, erlaube ich mir kein Urteil. Ich kritisiere niemanden, der Sterbehilfe ablehnt, denn es gibt gute Gründe, die dagegen sprechen, der ärztliche Eid, die Verantwortung gegenüber anderen, etwa Kindern, die Frage nach Gott. Ich verurteile allerdings auch niemanden, der Sterbehilfe leistet, denn auch dafür gibt es gute Gründe. Vor dieser Frage stehen wir allein. Es ist und bleibt eine Gewissensentscheidung, die uns niemand abnehmen kann, auch der Gesetzgeber nicht.

Ich glaube nicht, dass es Gott gefällt, wenn wir anderen vorschreiben, was sie denken, glauben, tun oder unterlassen sollen. Ich glaube es nicht, weil Gott nicht nach unseren Maßstäben urteilt. Er urteilt nicht über uns, und er verurteilt uns nicht.

Ich glaube auch nicht, dass Gott will, dass jemand leidet, dass Menschen unerträgliche Schmerzen haben, dass sie alles erleiden, erdulden und aushalten müssen, Schmerzen *und* Todesangst. Ich glaube nicht, dass Gott will, dass jemand auf der Intensivstation in Panik gerät, weil er keine Luft mehr bekommt. Ich glaube nicht, dass Gott das verlangt.

Genauso wenig glaube ich, dass Gott jemanden verstößt, der sich das Leben nimmt, weil er keine Kraft mehr hat, um weiterzuleben. Allein, für sich und einsam. Gott sagt nicht: „Du hast deine Krise überwunden und wieder zurück zum Leben gefunden, darum nehme ich dich an. Du aber hast es nicht geschafft, also weise ich dich zurück."

So ist Gott nicht.

Ich bete zu Gott, dass ich nie in eine Lage gerate, in der ich mir das Leben nehmen will. Oder in der ich erwäge, um Sterbehilfe zu bitten. Aber ich habe mein Leben nicht in meiner Hand.

Darum ist mein Gebet umso drängender: „Bewahre mich bitte vor diesen Versuchungen."

Die Versuchung, den Glauben zu verlieren

Einer der herzzerreißendsten Psalmen, die ich kenne, ist der, aus dem der erschütternde Ruf von Jesus am Kreuz stammt: *Mein Gott, mein Gott, warum hast du mich verlassen?*

Es ist Psalm 22. Es ist ein gebeteter Hilfeschrei von Menschen, die am Ende ihrer Kraft sind und nicht mehr weiterwissen. Jesus kannte das Gebet von frühester Jugend an. Darum kam es ihm wohl in den Sinn, als er, dem Tod geweiht, die Worte sprach, die wir kennen. Es ist ein Gebet unendlicher Verzweiflung. Und alles kommt mir bekannt vor. Selbst die furchterregende Bildersprache.

Mein Gott, ich rufe bei Tag, doch du gibst keine Antwort; und bei Nacht, doch ich finde keine Ruhe. Alle, die mich sehen, verlachen mich, verziehen die Lippen, schütteln den Kopf: Wälze die Last auf den HERRN! Er soll ihn befreien, er reiße ihn heraus, wenn er an ihm Gefallen hat!

Und weiter:

Viele Stiere haben mich umgeben. Aufgesperrt haben sie gegen mich ihren Rachen, wie ein reißender, brüllender Löwe. Hinge-

schüttet bin ich wie Wasser, gelöst haben sich all meine Glieder, mein Herz ist geworden wie Wachs, in meinen Eingeweiden zerflossen. Meine Kraft ist vertrocknet wie eine Scherbe, die Zunge klebt mir am Gaumen, du legst mich in den Staub des Todes.

*

Mein Gott, ich rufe bei Tag, doch du gibst keine Antwort ... Eine größere Einsamkeit kann ich mir nicht vorstellen. Ein Leben ohne Gott. Ein Leben ohne Antwort. Bei Tag und bei Nacht. Ich rufe, rufe lauter, *doch ich finde keine Ruhe.*

Trotzdem rufe ich, rufe weiter, bis ich nicht mehr weiterkann, *meine Kraft ist vertrocknet.* Und ich verzweifle, und die Verzweiflung breitet sich immer mehr in mir aus. Die Verzweiflung, dass Gott mich im Stich lässt, obwohl er angeblich immer bei mir ist, alle Tage bis ans Ende der Welt und darüber hinaus, im Tod und in der Ewigkeit. Aber da ist niemand.

Und meine Verzweiflung verwandelt sich in Misstrauen. Und ich verliere meinen Glauben.

Es ist auch diese Verzweiflung, um die es geht, wenn es im Vaterunser heißt, *führe uns nicht in Versuchung.* Für mich ist es die bedrohlichste aller Versuchungen, weil sie dazu führen kann, Hoffnung und Glauben zu verlieren und zu vergessen, dass Gott der Ich-bin-da ist. Diese Verzweiflung kenne ich sehr gut. In solchen Momenten ist meine Bitte wie ein Notschrei: Schütze mich vor meiner Verzweiflung.
Bewahre mich vor der Versuchung,
meinen Glauben zu verlieren.
Lass mich nicht fragen,
mein Gott, mein Gott,
warum hast du mich verlassen?

Sondern bleib der Ich-bin-da.
Bleib einfach da.

Gott stellt keine Fallen

Papst Franziskus stieß im Jahr 2017 die wichtige – und richtige – Debatte darüber an, ob der Wortlaut, den wir kennen und beten, gut sei: *Und führe uns nicht in Versuchung*. Ob es nicht besser wäre zu sagen: „Und lass uns nicht in Versuchung geraten."

Das Vaterunser beginne sehr ruhig, sagte der Papst. „Es lässt uns zunächst wünschen, dass der große Heilsplan Gottes sich unter uns verwirkliche. Dann wirft es einen Blick aufs Leben und lässt uns um das bitten, was wir täglich brauchen – das tägliche Brot. Und dann kommt das Gebet zu den Beziehungen, die wir untereinander pflegen und die oft vom Egoismus vergiftet sind; wir bitten um Vergebung und bekennen uns dazu, selbst anderen zu vergeben." Mit der Bitte, führe uns nicht in Versuchung, so der Papst, „treten wir wirklich ins Drama ein".

„Wie auch immer man den Text versteht, wir können ausschließen, dass es Gott wäre, der die Versuchungen auf dem Weg des Menschen auslöst", fuhr Franziskus fort. „Als ob Gott seinen Kindern einen Hinterhalt legen würde! Eine derartige Interpretation widerspricht vor allem dem Text selbst und ist auch weit entfernt von dem Bild Gottes, das Jesus uns offenbart hat."

Ein Vater stelle seinen Kindern doch keine Fallen. Die Christen hätten es „nicht mit einem eifersüchtigen Gott zu tun", der eine Art „Konkurrent des Menschen" ist oder sich

„daran vergnügen würde, den Menschen auf die Probe zu stellen". Gott kämpfe jederzeit „für uns und nicht gegen uns".

Darum spricht sich Papst Franziskus gegen die Formulierung aus: *Führe uns nicht in Versuchung.* Darum bevorzugt er den Satz: „Und lass uns nicht in Versuchung geraten."

Ich sehe das ganz genauso. Auch ich glaube nicht, dass Gott uns in Versuchung führt. Dass er die Quelle der Versuchung ist. Die liegt immer woanders.

Weil Gott die Menschen liebt, so verblüffend ich das auch immer wieder finde.

Gott liebt uns so sehr, dass er jedes Haar auf unserem Kopf zählt (vgl. Lk 12,7). Das muss man sich einmal bildlich vorstellen, buchstäblich alle Haare ... Ich kenne niemanden, der das könnte; selbst der beste Friseur wäre damit rettungslos überfordert.

Gott kennt uns, er kennt unsere Herzen, und er weiß, dass wir verführbar sind. Doch niemals käme ihm in den Sinn, uns in Versuchung zu führen. Er will nicht, dass wir untergehen. Gott will das Leben; und er will, dass wir leben. Weil aber Jesus, sein Sohn, die Versuchungen erlebt hat, in die Menschen geraten, die Verlockungen, denen sie erliegen können, hat er die Bitte im Vaterunser eingefügt. Von Anfang an galt sie uns und nicht ihm.

Das wird spätestens an den Sätzen deutlich, die Jesus seinen Jüngern – und damit uns – sagte: *Wenn ihr betet, sollt ihr nicht plappern wie die Heiden. Macht es nicht wie sie; denn euer Vater weiß, was ihr braucht, noch ehe ihr ihn bittet.* Es war die Antwort auf die Bitte eines Jüngers, sie beten zu lehren. Dann folgt das Vaterunser. – Das Gebet, das darum nicht das Tägliche im Blick hat, sondern konzentriert ist auf das Wesentliche.

Und dazu zählt die Bitte: *Bewahre uns vor der Versuchung.*

Von guten Versuchungen

Ich bitte Gott nicht, *führe mich nicht in Versuchung*. Denn das tut er nicht. Meine Bitten sind ganz andere.
Ich bitte ihn,
dass er bei mir ist, wenn ich in Versuchung gerate,
dass er bei mir bleibt, wenn ich in ihr feststecke.
Dass er mich führt, wenn die Versuchung mich verführt, Dinge zu tun, die ich besser nicht tun sollte.
Dass er mich führt, wenn die Versuchung mich dazu treibt, Dinge zu tun, die ich nicht tun will.
Dass er mir hilft, wenn die Versuchung zu stark wird.
Dass er mir hilft, wenn sie Macht über mich gewinnt.
Dass er bei mir ist, wenn die Versuchung mich dazu treibt, mich aufzugeben und ihn zu vergessen.
Dass er bei mir ist, wenn mich die Versuchung dazu bringt, mich zu verlieren und den Glauben an ihn.
Dass er mich herausführt aus der Versuchung.
Und mich davor bewahrt, abermals in Versuchung zu geraten.

Wenn ich bete, bitte ich Gott aber nicht nur darum, mich vor schlechten Versuchungen zu schützen. Ich bitte ihn auch um gute Versuchungen. Denn die gibt es.
Ich bitte ihn,
dass er mich in Versuchung führt, mich ihm anzuvertrauen und nicht Menschen, die mir womöglich gar nicht helfen können.
Dass er mich in Versuchung führt, ihm zu trauen und nicht meinem Gefühl, das unsicher ist.
Dass er mich in Versuchung führt, ihm zu glauben und nicht mir.
Dass er mich in Versuchung führt, an ihn zu glauben und nicht an ein Schicksal, das vermeintlich unausweichlich ist.

Ich bitte Gott um diese Versuchungen, und ich weiß, dass er mir helfen will. Deshalb bitte ich ihn darum.

Denn Gott kennt mich. Er hat mich bei meinem Namen gerufen. Ich gehöre zu ihm; gehöre ihm ganz (vgl. Jes 43,1). Ich gehöre ihm mit meinen Fehlern, die ich nicht ändern kann, weil ich ein Mensch bin und darum fehlbar. Ich gehöre ihm mit meinen Zweifeln, die nichts Schlechtes sind, wenn sie nicht in Verzweiflung ausarten. Ich gehöre ihm mit meinen Fragen, weil sie mich demütig machen, mich hinhören und suchen lassen und mich öffnen für Antworten. Ich gehöre ihm mit all den Versuchungen, in die ich immer wieder gerate, obwohl ich das nicht will. Ich gehöre ihm aber auch *in* der Versuchung, in der ich mich oft befinde und in der ich mich genauso oft verirre.

Wie immer ich bin und wo, Gott hat mich erlöst. Darum kann ich zuversichtlich sein. Darum bin ich in der Lage zu leben. Darum kann ich *jetzt* leben.

Es geht nicht um ein Irgendwann in ferner Zukunft. Gott vertröstet mich nicht. Ich kann gewiss sein, dass ich bereits angenommen bin, dass ich von Anfang an angenommen war, dass ich schon angenommen war, bevor ich wusste, dass es mich gab, bevor ich mich selbst kannte, bevor ich überhaupt ein Bewusstsein vom eigenen Ich haben konnte. Angenommen so wie ich bin. Angenommen, wo immer ich bin. Angenommen als Kind Gottes.

Deshalb muss ich mich nicht fürchten, obwohl ich es immer wieder tue. Gott hat mich schon erlöst. Er hilft mir. Denn er will, dass ich lebe.

*

Und so bete ich:

Abba, Vater,
bewahre mich vor der Versuchung.
Führ mich nicht in sie hinein.
Führe mich in der Versuchung,
führe mich, wenn sie zu groß wird.
Führe mich, wenn ich feststecke.
Führe mich aus der Versuchung.
Dahin bitte führe mich:
dir zu vertrauen, an dich zu glauben.
In die Versuchung führe mich.
Denn ich sehne mich nach dir.

Sondern erlöse uns von dem Bösen

Der Inbegriff von Ferien ist für mich Oberbayern. Wiesen, Berge, Seen. Dorfgemeinschaft, Gegenden erkunden, Kirchen entdecken. Bücher lesen, Leben genießen, Wunder erleben. Wandern, schwimmen, schreiben bei Sonnenaufgang. Und – Krimis. Vorlesen am Abend, bei schlechtem Wetter auch am Tag. Ohne Urlaub muss der Tatort herhalten, jeden Sonntag, wenn er nicht aus Münster kommt; aber das ist eine andere Geschichte.

Ganz wichtig dabei: Den Täter jagen. Ihn aufspüren. Den Kommissarinnen und Kommissaren auf die Finger schauen. Mit ihnen herumtüfteln. Dieses ahnen, jenes zu wissen meinen. Und sich irren. Weiterermitteln. Den Täter finden. Festsetzen. Verhaften. U-Haft. Vor den Staatsanwalt bringen, vors Gericht mit dem Übeltäter. Seltener ist es eine Täterin, aber auch die gibt es. Selbstredend. Ich bleibe jetzt mal beim Täter.

Dem Bösen.

Von diesem Bösen muss die Polizei die Menschen befreien, den Ort, die Stadt, die Welt. Vom Mörder, vom Räuber, vom Erpresser, vom Drogenhändler, vom Pädophilen, vom Vergewaltiger, vom Stalker, vom Geiselnehmer, vom Cyberkriminellen, vom Wiederholungstäter, vom Kapitalverbrecher.

Es ist sehr entspannend zu wissen, dass am Ende meistens alles gut wird. Und das Gute über das Böse siegt.

Wie gesagt: der Inbegriff von Ferien.

Das doppelte Böse

Im richtigen Leben ist es natürlich anders. Da ist die Sache mit dem Bösen nicht ganz so einfach. Nicht immer wird am Ende alles gut. Vor allem aber ist nicht klar, was das Böse ist, das wir loswerden wollen, wenn wir beten, *erlöse uns von dem Bösen*.

Das fängt schon beim Wort „Bösen" an.

Wenn es im Vaterunser heißt, *erlöse uns von dem Bösen*, kann das zweierlei bedeuten: Erlöse uns von einem *Etwas*. Einer Bedrohung von außen, einem Etwas in uns. Das kann abstrakt sein oder konkret. Eine Idee, ein Gedanke, ein böser Traum; eine Situation, eine Krankheit, ein Zustand.

Es kann aber auch heißen, erlöse uns von einem *Menschen*. Das kann X sein, diese oder jene Person. Das kann Y sein. Das bin ich selbst.

Die Bitte ist also doppeldeutig. Das macht sie so besonders. Das macht sie interessant. Und das wirft Fragen auf.

Das Böse, in mir

Wenn ich bete, *erlöse mich von dem Bösen*, kommt mir vieles in den Sinn. Könnte ich in den Spiegel schauen und sähe dort nur das Böse in mir, gliche mein Abbild einem Spinnennetz mit lauter schwarzen Fäden. Ohne den Spiegel sähe man sie nicht.

Alle Fäden hätten Namen, und die sind ganz real. Da ist der Groll, den ich gegen andere hege. Da ist die Wut, die ich habe, auf mich oder andere. Da sind die Rachegelüste, die ich zuweilen empfinde, auch wenn es immer dabei bleibt und nie zur Tat wird. Da sind Neid und Missgunst, auch wenn mir beide eher fremd sind. Da sind Ungeduld und Rücksichtslosigkeit, wenn es um andere geht. Oder um mich. Da sind die Abgründe in mir, die all das hervorbringen. Und die dunklen Seiten, die Schattenseiten meines Lebens.

Da ist viel Böses, das ich beheben könnte, wenn ich mir Mühe gäbe. Der Groll, den ich beseitigen könnte, wenn ich mit den anderen darüber sprechen würde; doch ich tue es nicht. Die Wut, die ich bekämpfen könnte, wenn ich die anderen zur Rede stellen würde; doch ich tue es nicht. Die Wut gegen mich, die ich mir anschauen könnte, um mich zu fragen, woher sie kommt; doch ich tue es nicht. Die Rachegelüste, denen ich entgegenwirken könnte, wenn ich den anderen den Grund dafür nennen würde; doch ich tue es nicht. Der Neid, die Missgunst, die ich leicht beheben könnte, weil ich mich meistens freue, wenn anderen etwas gelingt; doch ich denke nicht an die Freude, und ich tue nichts. Die Ungeduld, die Rücksichtslosigkeit, die beide weg wären, wenn ich mir Zeit nähme, ruhig ein- und auszuatmen; doch ich tue es nicht. Die Abgründe, die ich mir ansehen könnte; doch ich blicke nicht hinein. Die dunklen Seiten, die Schattenseiten, die ich beleuchten könnte; doch ich trete nicht ans Licht.

Ich bin ein schlechter Mensch.

Das Selbstgespräch und der Glaube auf der Couch

Immer liegt es an mir, dass ich das Böse nicht überwinde. Weil ich aber nichts dagegen unternehme, muss ich es aushalten, bis es vorüber ist. Oder mich damit auseinandersetzen. Mich fragen, woher das alles kommt, zum Beispiel. Was ich damit mache. Und was dagegen. Ich müsste mich mit mir befassen. Mit mir!

Ausgerechnet ...

Sondern erlöse uns von dem Bösen

Ich mag es nicht, mich mit mir selbst zu beschäftigen. Ich mag es schon gar nicht, Selbstgespräche zu führen, womöglich auch noch laut, am Ende gar, mich selbst zu analysieren.

Es gibt doch wahrlich Wichtigeres als das.

Ich habe einmal ein Buch gelesen, das den Titel trägt: *Chatter, die Stimme in deinem Kopf.* Ethan Kross, Professor an der University of Michigan, Hirnforscher und Psychologe und vielfach ausgezeichnet, hat sensationelle Kritiken dafür bekommen. Offenbar kamen sie gut an, die rund 300 Seiten über „die wichtigsten Gespräche unseres Lebens – die Gespräche mit uns selbst".

Kross zitiert darin eine Studie, nach der wir in unseren Selbstgesprächen so viel sagen, dass es, laut ausgesprochen, 4000 Wörtern pro Minute entspräche. Viertausend! Pro Minute! Im Vergleich dazu bestehe eine ruhig vorgetragene Rede mit einer Dauer von einer Stunde aus etwa 6000 Wörtern. Dann folgen, erwartbar, Abhandlungen darüber, was man tun könne mit sich und seinem nie verstummenden Ich, wie man Selbstgespräche zum eigenen Vorteil nutzen könne und wo sie schaden. Und so weiter.

„Das ist das Buch, das die Welt jetzt braucht", steht auf der Rückseite des Werkes. Nun, ich brauche es nicht. Selbstgespräche sind mitnichten die wichtigsten Gespräche in meinem Leben.

*

Weil mir das Böse in mir unangenehm ist (und sehr oft peinlich), lege ich nichts davon in mein Gebet, *erlöse uns von dem Bösen.* Obwohl ich ja ahne, dass Gott Bescheid weiß. Weil er mich kennt. Vermutlich weiß er schon Bescheid, bevor sich das

Böse in mich hineinschleicht und Besitz von mir ergreift. Eben weil er mich kennt und darum weiß, dass das Böse immer lauernd in einer Ecke liegt.

Wer weiß, vielleicht sollte ich mich deshalb doch einmal trauen, Gott mein Böses anzuvertrauen. Damit er mir hilft, mich davon zu befreien. Bin ich denn nicht sein Kind? Hat er mich nicht gemacht? Mit allem Drum und Dran?

Wenn das stimmt, ergeben sich allerdings neue, fast absurde Fragen: Hat Gott, der mich erschaffen hat, auch das Schlechte, das Böse in mir gemacht? Bin gar nicht ich verantwortlich für das Böse, sondern er? Soll ich ihn womöglich bitten, mich von dem Bösen, das er in mir gemacht hat, zu erlösen? Soll ich ihn bitten, sich selbst zu widerrufen? Soll ich vielleicht beten: Vaterunser, erlöse mich von dem Bösen, an dem du schuld bist?

Das ist zu simpel. Das ist absurd.

*

Ich kann Gott bitten, mich von dem Bösen zu erlösen. Ich kann es auch wagen, das zu tun. Ich kann ihn bitten, bei mir zu sein, wenn das Böse, das Schlechte in mir aufkeimt. Damit er mir hilft, mich dem zu stellen. Damit er mir zeigt, wie ich mich davon befreie. Oder um es mit den Worten aus Psalm 51, meinem abendlichen Kindergebet, zu sagen: Damit er mir einen neuen, beständigen Geist gibt. Und ein reines Herz. Damit er mich nicht von seinem Angesicht verwirft. Und seinen heiligen Geist nicht von mir nimmt. Damit ich sein Kind sein kann. Und bleibe.

Damit sich das Spinnennetz auflöst. Und ich keine schwarzen Fäden mehr sehe, wenn ich mein Spiegelbild betrachte. Sondern mich.

Um noch einmal auf Ethan Kross' Buch zurückzukommen, das über die Selbstgespräche. Auch ich habe eine Stimme im Kopf. Ich meine nicht das Ich, das sich mir aufdrängt und mir auf die Nerven geht. Sondern eine Stimme, der ich zuhören will, mit der ich reden will. Es ist die Stimme Gottes. Es ist sein Wort, das auf mein Gebet folgt, wenn ich darauf achte, es zu hören. Ich bin nicht auf mich gestellt. Ich muss die Antwort nicht in mir suchen. Ich kann sie bei Gott finden. Und der braucht sicher keine 4000 Wörter. Pro Minute.

Bei Gott lege ich mich gern auf die Couch.

Das Böse, der Mensch

Das Böse kann auch ein Mensch sein. Das kann ein anderer sein, der mir Böses will. Oder ich selbst. Und was macht Gott? Er überrascht mich, wieder einmal. *Er lässt seine Sonne aufgehen über Böse und Gute und er lässt regnen über Gerechte und Ungerechte.* (Mt 5,45) Das gilt allen. Selbst mir.

Doch was bedeutet das? Ist es Gott egal, ob ich gut oder böse bin? Ob ich gerecht oder ungerecht bin? Muss ich mich überhaupt noch bemühen, ein besserer Mensch zu werden, wenn seine Sonne und sein Regen allen gelten? Ist es Gott gleichgültig, wie ich bin? Gibt es überhaupt so etwas wie Gleichgültigkeit bei Gott? – Fragen über Fragen. Fragen an Gott.

Wenn Gott die Sonne über Gute und Böse aufgehen lässt und es regnen lässt über Gerechte und Ungerechte, was ist dann mit den Botschaften von Jesus? Er lehrt uns doch immerzu, wie wir sein sollen. Er sagt es in der Bergpredigt. Sagt, wer selig ist: die Barmherzigen, die Friedensstifter, die Verfolgten, die Verschmähten, die Trauernden, die Sanftmütigen, die reinen Herzens sind, die arm sind vor Gott, die nach Gerechtigkeit dürsten und hungern. Er sagt es uns auch in seinen Gleichnissen. In dem vom guten Samariter, zum Beispiel.

Vielleicht dient der Sonnen-Regen-Satz ja einem ganz anderen Zweck. Vielleicht dient er dazu, mich darauf hinzuweisen, dass es mir nicht zusteht zu beurteilen, wer gut ist und wer böse. Weil Gott seinen Segen verschwenderisch verstreut wie der Sämann die Saat, so dass der Samen immer auf guten *und* auf felsigen Boden fällt, wie es im Gleichnis heißt. Weil Gott seine Sonne über Gute *und* Böse aufgehen lässt und es regnen lässt über Gerechte *und* Ungerechte, wie es Jesus in der Bergpredigt sagt.

Wer bin ich, der Schatten zu sein, der sich dazwischenschiebt? Wer bin ich, jemandem das Wasser zu verwehren, der es braucht?

Das ist es, was gemeint ist: Es steht mir nicht zu.

*

Leider ändert das nichts an mir. Ich bin und bleibe mal ein guter Mensch, mal ein schlechter. Wenn ich also bete, *erlöse mich von dem Bösen*, bitte ich Gott nicht nur, mich von dem Bösen *in mir* zu erlösen, von den Abgründen und dem Zorn, von dem Neid und der Missgunst, von dem Groll und meiner Ungeduld. Wenn ich bete, *erlöse mich von dem Bösen*, bitte ich Gott auch, mich *von mir* zu erlösen.

Ich bete es, obwohl ich weiß, dass Gott sich nicht zum Richter über mein Leben aufschwingt. Ich trage die Verantwortung für das, was ich tue. Nicht er. Ich bin verantwortlich dafür, zu versuchen, mich zu bessern. Und bereit zu sein, meine schlechten Eigenschaften, den Zorn, meine Ungeduld und so weiter, zu bekämpfen. Nicht er. Gott mischt sich nicht ein. Er spielt nicht Schicksal.

Wenn ich also bete, *erlöse mich von dem Bösen*, bitte ich letztlich darum, dass er mich von mir erlöst. Diese Erlösung geht nur in eine Richtung: zu ihm. Zu ihm und seinem Sohn, der mir zeigt, wie ich leben soll. Und mir hilft, das leben zu können. Darum bete ich: „Erlöse mich von mir, hin zu dir."

Ich, der böse Mensch.

Das Böseste, der Tod

Das Böseste allen Bösen ist der Tod. Das Ende. Wenn ich nichts mehr machen kann. Nicht mehr lieben, nicht mehr leben, nicht mehr sein kann. Darum glaube ich, dass die Bitte, *erlöse mich von dem Bösen*, viel mehr ist als das tägliche Allerlei und die schlechten Eigenschaften. Auch mehr als die Not, in die mich das Böse bringen, das Leid, in das es mich stürzen kann. Ich glaube, dass das Böse, von dem ich erlöst werden will, auch den Tod mitumfasst.

Es geht mir nicht darum, den Tod zu verhindern, denn alles Leben auf der Erde geht zu Ende. Es geht mir auch nicht darum, vom Tod befreit zu werden, denn das hieße, dass mein Leben immerwährend fortdauert. Das will ich nicht. Der Charme des Lebens liegt ja gerade darin, dass es endlich ist. Dass es mich zwingt, mich auf das zu konzentrieren, was ich habe. Dass ich nicht ziellos in den Tag hineinleben kann, weil angeblich noch unendlich viele Tage darauf warten, gelebt zu werden. Nichts davon. Das Leben ist schön, *weil* es endlich ist.

Weil ich sterblich bin.

Wenn ich an meinen Tod denke, erschrecke ich nicht. Denn ich weiß, wie schnell das Leben vorbei sein kann. Darum habe ich vorgesorgt, mit allem, was dazugehört.

Der Gedanke an den eigenen Tod ist aber mehr als bloße Organisation. Er bedeutet auch, dass ich Abschied nehmen muss. Abschied von Menschen, die mir am Herzen liegen. Abschied von einem Leben, das ich gerne lebe. Abschied von einer Welt, die ich mag. Abschied von der Gegend, der Landschaft, von all dem Schönen um mich herum. Abschied von Menschen, die ich liebe. Und ich bin sehr schlecht im Abschiednehmen.

Bei der Bitte um Erlösung vom Tod geht es um etwas anderes. Etwas viel Größeres. Es ist die Überwindung des Todes. Die Auferstehung und das ewige Leben bei Gott. Ein Leben, das auf Erden zu Ende geht und im Himmel seine Ewigkeit erfährt. Darauf hoffe ich. Darum bete ich. Daran glaube ich.

*

Leben. Tod. Auferstehung. Ewiges Leben. Und das Sterben?

Viele Menschen haben Angst davor. Sie fürchten sich vor den möglichen Qualen, den Schmerzen, der Dauer, dem Siechen, dem Vergessen, der Demenz, dem Leid. Ich auch.

Niemand will so sterben. Man will das Sterben hinter sich bringen, in Würde und im Frieden mit sich und den anderen, am liebsten im Schlaf, ohne es mitzubekommen. Das geht mir ganz genauso.

Trotzdem mache ich mir manchmal auch andere Gedanken, wenn ich über das Sterben nachdenke. Und ich stelle mir vor, wie es wäre, das Sterben zu erleben, frei und bewusst. Dann will ich auf einmal dabei sein. Und ich fange an zu dichten ...

Ich will dabei sein, wenn ich sterbe

Ich will dabei sein, wenn ich sterbe.
Will es erleben, Minute für Minute.
Ich will sehen, wohin die Reise geht,
wohin die Seele zieht.
Und wie mein Ich zu Staub zerfällt.
Ich ziehe fort, Minute für Minute. Ich gehe so leise, dass es niemand merkt. Ich werde heiter Raum um Raum durchschreiten.
Und gebe ab, was mich beschwert.
Ich will dabei sein, wenn ich sterbe.
Denn tot bin ich noch lang genug.
Das Wort „tot" hat übrigens zwei Kreuze. Eines links, eines rechts. Und in der Mitte einen Kreis.

Der Kreis ist ein Symbol. Er zeigt in jede Himmelsrichtung. Er ist ein Zeichen der Vollkommenheit. Er eckt nicht an, steht vielmehr für Unendlichkeit. Denn er ist ohne Anfang, ohne Ende.

Das Leben aber ist kein Kreis. Es ist sehr kurz, verglichen mit der Ewigkeit. Einmal fängt es an und einmal hört es auf. Und an jeder Stelle eckt es an. Vollkommenheit gibt es da nicht.
Ich will dabei sein, wenn ich sterbe.
Ich will die Kreuze überwinden,
die links und rechts im Wege stehen.
Ich will dabei sein, wenn ich sterbe.
Um frei zu sein.
Und Gott zu sehen.
Denn nicht mein Leben ist das Leben. Gott ist das Leben meines Lebens. Auch im Sterben.
Darum will ich dabei sein, wenn ich sterbe.
Damit ich leben kann, auch dann.

*

Und so bete ich:

Abba, Vater,
erlöse mich von allem Bösen.
Erlöse mich von bösen Träumen,
von Ungeduld und meiner Wut.
Befreie mich von meinem Glauben,
dass ich an mir nichts ändern kann.
Hilf mir, die Kreuze zu bezwingen,
die links und rechts an meinem Wege stehen.
Errette mich aus meiner Not.
Hol mich heraus aus meiner Furcht.
Erlöse mich von meinem Tod,
hinein in deine Ewigkeit.
Erlöse mich von mir zu dir.

Denn dein ist das Reich und die Kraft

Denn dein ist das Reich und die Kraft und die Herrlichkeit in Ewigkeit, heißt es am Ende des Vaterunsers. Es ist die stärkste Stelle des Gebets. Das ist nicht verwunderlich, denn sie richtet sich nicht an uns und was wir wollen, sie erinnert nicht an unsere Fehler und Versuchungen, nicht an das Böse, sondern gilt alleine Gott.

Die Stärke des Satzes liegt auch an der Reihenfolge. Erst kommen die Bitten *dein Reich komme, dein Wille geschehe* und so weiter; dann folgt die Feststellung: *Denn dein ist das Reich und die Kraft und die Herrlichkeit*. Fraglos. Einfach so. Ob verdient oder unverdient. Es geht um Gott.

Der Satz ist der Wind in meinem Vaterunser, der meine Bitten trägt und hält; er ist wie ein Windspiel, das meinen Glauben zum Erklingen bringt.

Dein Reich, in Ewigkeit

Sonderbar ist, dass das Reich Gottes zweimal im Vaterunser erwähnt wird. Nur das Reich. Nicht die Kraft. Nicht die Herrlichkeit. Allein das Reich kommt zweimal vor. Zunächst als Bitte: *dein Reich komme*. Dann als Befund: *denn dein ist das Reich*. Warum ist das so?

Ursprünglich endete das Vaterunser mit den Worten *und erlöse uns von dem Bösen*. Viele griechische Handschriften des

Matthäusevangeliums enthalten den Schlussvers nicht, *denn dein ist das Reich* ... Die ersten Christen fügten den Lobpreis wohl auch deshalb hinzu, weil sie es aus dem Judentum kannten, ein Gebet durch Lob und Anbetung Gottes zu beenden.

In der katholischen Liturgie ist das Vaterunser bis heute vom Schlussvers getrennt. Sodann spricht der Priester die Worte, die die Bitten gleichsam noch einmal zusammenfasst: „Erlöse uns, Herr, allmächtiger Vater, von allem Bösen und gib Frieden in unseren Tagen. Komm uns zu Hilfe mit deinem Erbarmen und bewahre uns vor Verwirrung und Sünde, damit wir voll Zuversicht das Kommen unseres Erlösers Jesus Christus erwarten." Erst danach stimmt die Gemeinde in die feierliche Lobpreisung ein: *Denn dein ist das Reich und die Kraft und die Herrlichkeit in Ewigkeit. Amen.*

Im Kloster St. Ottilien beten die Mönche das Vaterunser bis zur Bitte *und erlöse uns von dem Bösen* in tiefer Verbeugung. Dann richten sie sich auf, erheben ihre Blicke und loben Gott, *denn dein ist das Reich und die Kraft und die Herrlichkeit in Ewigkeit*. Mir gefällt das. Weil es die Demut zeigt, die wir für die vorangestellten Bitten brauchen. Und die Dankbarkeit, wenn wir Gott ehren.

*

Das beantwortet allerdings nicht die Frage, warum das Reich im Vaterunser zweimal vorkommt. Wie ist das zu verstehen? So? Dein Reich komme, denn es ist dein Reich. Oder vielleicht umgekehrt? Falls es dein Reich ist, soll es kommen.

Wenn wir Gott bitten, dass sein Reich komme, bitten wir darum, dass es sich auch um Gottes Reich handelt, natürlich. Unser eigenes armseliges Reich kennen wir zur Genüge; darum wünschen wir uns doch von Herzen ein anderes, größeres Reich, eines, das über uns hinausweist, auf etwas Ewiges. Und andersherum: Wenn es nicht um Gottes Reich ginge, würden wir erst gar nicht darum bitten. Eben *weil* es sein Reich ist, bitten wir darum. Deshalb heißt es ja auch, *denn* dein ist das Reich …

Es heißt, die Worte stammten nicht von Jesus. Das stimmt vermutlich, da kennen sich die Theologen sicher besser aus als ich, die ich keine Theologin bin. Ich mag den Satz trotzdem. Für mich sind es seine Worte. Denn genauso hätte Jesus sprechen können.

Mir gefällt die doppelte Erwähnung. Es ist, als würde Jesus mich im Vaterunser erst zur Bescheidenheit mahnen, indem er mich lehrt zu beten, *dein Reich komme*. Um mir dann am Ende des Gebetes Gewissheit zu geben. Ich erbitte all das, *denn dein ist das Reich*. Jesus versichert mir, dass es um Gottes Reich geht. Um ein Reich, das von Liebe, Nachsicht, Barmherzigkeit und Vergebung geprägt ist. Und nicht von Macht, Herrschaft und Gewalt. Ein Reich, das nie bedrohlich ist, sondern mir Heimat sein will. Ein Reich, das nicht reich an Gütern ist, sondern reich an Güte. Das gibt mir Sicherheit.

Mir gefällt die doppelte Erwähnung auch deshalb, weil sie andeutet, dass das Reich Gottes, um das ich bitte (dein Reich *komme*), schon da ist: denn dein *ist* das Reich. Nicht: denn dein wird das Reich sein. Gottes Reich ist da. Es ist bereits ein Teil von mir. Und ich bin schon Teil dieses Reiches. Ich gehöre dazu, mit meinem Leben. Denn *dein* ist das Reich, in dem mein Leben ist; in dem ich lebe. Darum lebe ich mit Gott, von Gott, in Gott.

Das steckt für mich hinter der doppelten Erwähnung: Gottes Reich, das in seiner Herrlichkeit erstrahlt.

Gottes Reich, das in aller Ewigkeit besteht.
Sein Reich, das meine Erfüllung ist.
Sein Reich, das nicht erst kommt.
Ein Reich, das immer in mir ist.
Ein Reich, in dem ich lebe.
Hier, auf Erden.
In meinem Leben.
Schöneres kann es eigentlich nicht geben.

Deine Kraft, in Ewigkeit

Gleiches gilt für die Kraft. Es geht um die Kraft Gottes, denn *sein* ist die Kraft, dass auch sie schon da ist, denn sein *ist* die Kraft. Die Zusage, die darin steckt, ist sehr stark. Sie ist Schutz, gibt Kraft und Trost. Gott ist in meinem Leben mit seinem Reich *und* seiner Kraft.

Genauso wie sein Reich ist auch seine Kraft in mir. Die Kraft, die ich selbst habe, mag zwar in mir sein. Aber sie entsteht nicht allein durch mich. Sie kommt nicht nur von mir. Sondern von Gott. Sie gehört nicht mir. Sondern ihm.

Die Kraft, die ich habe, ist notgedrungen begrenzt. Ich kenne das, und ich merke es, wenn ich am Ende meiner Kräfte bin; leider oft zu spät. Dann zahle ich einen hohen Preis. Ich muss aufpassen, dass ich meine Kraft nicht verschwende. Trotzdem passiert es.

Was dann? Kann ich dann darauf hoffen, dass Gott mir neue Kraft gibt? Kann ich mit ihm rechnen, wenn ich mich mit meinen Kräften verrechnet habe? *Die auf den Herren harren, empfangen neue Kraft*, heißt es schließlich bei Jesaja (40,31). Stimmt das?

Zu einem Teil gewiss. Ich bleibe zwar verantwortlich für die Gaben, die Gott mir gibt. Ich darf sie aber nicht sinnlos vergeuden. Gott ist kein Selbstbedienungsladen, in dem ich mich unendlich selbst bedienen kann, wie der Name schon sagt, und in dem ich unendlich neue Kraft bekomme, ohne Grund. Ich muss schon auch selbst für mich sorgen und sorgsam umgehen mit dem, was ich habe.

Und doch ist da mehr, ist da immer wieder eine neue Kraft in mir, über die ich mich nur wundern kann. Vor allem, wenn ich schwach bin. Dann kommt sie unvermittelt. Als würde jemand die letzten Kräfte in mir wecken. Wie Überlebenskräfte. Selbsterhaltungskräfte. Wie ein Instinkt. Man kennt das aus der Natur, wenn Tiere sich noch einmal aufbäumen, bevor sie sterben. Als würden sie sich wehren gegen den Tod.

Aber es ist kein Instinkt, der meine Kräfte mobilisiert, auch kein Adrenalin. Es ist nicht Kaffee oder ein anderes Aufputschmittel, die mich wach sein lassen und stark, wenn es darauf ankommt. Die Kräfte, die mich über mich hinauswachsen lassen, die mich auf einmal aushalten lassen, was unaushaltbar ist, die mich mehr bewältigen lassen, als ich bewältigen kann, kommen nicht von mir.

Wenn ich an die Worte im Vaterunser denke, *denn dein ist die Kraft*, weiß ich, woher meine Kräfte kommen. Und ich merke, wie wahr der Satz ist. Ich kann weiterleben, obwohl ich keine Kraft habe. Ich kann bestehen, weil es nicht *meine* Kraft ist, die da zum Vorschein kommt, sondern seine. Weil die Kraft, die ich habe, nicht von mir kommt, sondern von ihm. Von Gott.

Denn *dein* ist die Kraft. Und nicht mein. Gott hat sie. Gott gibt sie mir. Sie gehört ihm. Gott schenkt sie mir, ob ich es verdiene oder nicht; ob ich mich als würdig erweise oder nicht.

Das ist die tröstende, die starke und stärkende Gewissheit am Ende des Vaterunsers.
Gottes Kraft, die herrlich ist.
Gottes Kraft, die ewig hält.
Seine Kraft, die mich umfängt.
Seine Kraft, die in mir ist.
Seine Kraft in Ewigkeit.
Jetzt, heute, morgen, immer.
Hier, auf Erden.
In meinem Leben.

Die Trotzkraft

Es gibt kein schöneres Wort für diese Kraft als das Wort Trotzkraft. Ich borge es mir von seiner Erfinderin, der wunderbaren Theologin Christina Brudereck. Ja, Gottes Kraft kann mir zur Trotzkraft werden, weil ich mit ihr dem Leben abtrotzen kann, was ohne sie nicht ginge.

Heinz Zahrnt, der große evangelische Theologe, stellte einmal die Frage: „Warum beten wir ungeachtet dessen?" Sei doch das Schicksal für alle unabänderlich, nicht nur für Christen. Und er antwortet: „Weil uns im Gebet eine Kraft geschenkt werden kann, mit deren Hilfe wir auch das Schwerste ertragen können." Genau so verhält es sich mit der Kraft, die von Gott kommt. Ich sehne mich nach seiner Kraft, ich bitte darum. Und tatsächlich schenkt mir Gott immer wieder eine Kraft, mit deren Hilfe ich „auch das Schwerste ertragen" kann. Wenn ich schwach bin, verletzt, verwundet. Wenn ich am Boden liege, am Ende meiner Kräfte. Und die Hoffnung verloren habe. Dann bete ich „ungeachtet dessen". Und ich bekomme neue

Kraft. Und auf einmal kann ich Berge versetzen. Mit frischer Kraft. Mit seiner Kraft, die meine Trotzdem-Kraft ist.

*

Mich erinnert das an den Propheten Elias, der mir viel bedeutet; an das Oratorium von Felix Mendelssohn Bartholdy, das ich einmal mitgesungen habe, wodurch Elias mir nah kam und blieb. „Steh auf und iss, denn du hast einen weiten Weg vor dir", singt der Engel dem Elias, der Aufgabe um Aufgabe löst, und trotzdem der Verlierer ist. Der am Ende kraftlos ist und ruft: „Es ist genug." Der sich aufgibt und flieht und sterben will und immer wieder den Ruf der Engel ignoriert. „Dass meine Seele stürbe! ... Es ist genug."

Das kenne ich gut. Immer wieder gab es Momente in meinem Leben, in denen ich dachte, „es ist genug, so nimm nun, Herr, meine Seele, ich bin nicht besser denn meine Väter, nimm nun, o Herr, meine Seele ...".

Nach einer Weile bekommt Elias neue Kraft. Gott hatte ihn nicht im Stich gelassen, sondern ihm den Engel gesandt: „Steh auf und iss, denn du hast einen weiten Weg vor dir." Als Elias den Ruf hört, steht er auf und isst und geht „durch die Kraft der Speise vierzig Tage und vierzig Nächte".

„Siehe, der Hüter Israel schläft noch schlummert nicht. Wenn du mitten in Angst wandelst, so erquickt er dich ... / Ja, es sollen wohl Berge weichen und Hügel hinfallen, aber deine Gnade soll nicht von mir weichen. / Und der Prophet Elias brach hervor wie ein Feuer und sein Wort brannte wie eine Fackel."

Elias hatte Kraft, er hatte neue Kraft.

Das ist die eigentliche Botschaft der Geschichte: das Aufstehen und Essen und Weitergehen. Es ist eine Geschichte von

Angst und vom Trotzdem-Nichtaufgeben, vom Trotzdem-Mut in der Mutlosigkeit, vom Trost in der Trostlosigkeit und von der Trotzdem-Kraft in der Kraftlosigkeit. Es war die Kraft, die von Gott kam.

Das war Elias' Trotzkraft.

*

Auch Hiob fällt mir ein. Dieser fromme, rechtschaffene, gottesfürchtige Mann, der alles Böse mied. Der Opfer einer Wette zwischen Satan und Gott wurde und darum Unheil auf Unheil ertragen musste. Der alles verlor, sein Hab und Gut, seine Kinder und seine Gesundheit. Und elementar ins Hadern geriet: *Was tat ich dir, du Menschenwächter?*, fragte er Gott. *Warum hast du mich zu deiner Zielscheibe gemacht?* (Ijob 7,20) Der trotzdem an Gott festhielt und wusste, dass sein Erlöser lebt. Der darauf vertraute, dass er Gott schauen werde *ohne meine Haut, die so zerfetzte, und ohne mein Fleisch.* (Ijob 19,25–26)

Hiob, dem darum neue Kraft zuwuchs. Hiob, der kräftiger und stärker wurde, als er vor der Wette war. Bevor ihn Satan mit einem bösartigem Geschwür geschlagen hatte; von der Fußsohle bis zum Scheitel. (vgl. Ijob 2,7).

Darum dankte er Gott und sprach: *Ich habe erkannt, dass du alles vermagst. Kein Vorhaben ist dir verwehrt. … Fürwahr, ich habe geredet, ohne zu verstehen, über Dinge, die zu wunderbar für mich und unbegreiflich sind. … Vom Hörensagen nur hatte ich von dir gehört, jetzt aber hat mein Auge dich geschaut.* (Ijob 42,2–3,5)

Das war Hiobs Trotzkraft.

*

Und dann ist da natürlich Jakob. Jakob mit seinem Ringen. Jakob, der allein zurückgeblieben war und „mit einem Mann" rang, bis die Morgenröte aufstieg. Jakob, den der Mann am Hüftgelenk berührte und ihn verletzte. Jakob, der nicht aufgab und weiterkämpfte und schließlich die Worte rief: *Ich lasse dich nicht los, wenn du mich nicht segnest.* (Gen 32,27)

Jakob blieb verwundet. Er hinkte fortan. Das Zeichen des Segens blieb sichtbar. Denn der Mann, mit dem Jakob gerungen hatte, war Gott.

Wie gut ich das kenne, Jakobs Worte, die ich selbst so oft spreche. Wenn ich nicht weiterweiß. Wenn ich Gott um Hilfe bitte, wenn ich ihn anflehe, aber partout nichts von ihm höre. Oder zu blind und zu taub bin, um seine Gegenwart zu erkennen. Und ich wieder rufe, lauter und immer lauter: Ich gebe nicht nach, ich höre nicht auf, zu dir zu beten und dich anzuflehen, mit dir zu ringen und zu kämpfen, bis du mich gesegnet hast. Bis ich merke, dass Gott da ist und mir hilft. Dass er mir neue Kraft gibt. Trotzkraft für mein Leben.

So verletzt Jakob auch war, so unerbittlich die Auseinandersetzung, so trotzig blieb er im Kampf, bis Gott ihn endlich segnete. Erst dann fand er seinen Frieden und schließlich auch Frieden mit seinem Bruder Esau.

Das war Jakobs Trotzkraft.

Elias, Hiob, Jakob. Sie alle bekamen von Gott neue Kraft. So konnten sie weiterleben, so konnten sie auch „das Schwerste ertragen", um noch einmal die Worte von Heinz Zahrnt aufzugreifen.

Mehr Kraft, als ich habe

Ich kenne Elias' „Es ist genug". Ich weiß, wie es ist, aufgeben zu wollen. Wenn mir alles zu viel wird. Wenn ich den Anforderungen nicht gewachsen bin. Wenn ich versage.

Ich kenne Hiobs Kampf, auch wenn ich nie Opfer einer Wette wurde. Ich ahne, wie er sich fühlte, weil auch ich oft mit mir kämpfe. Wenn ich zweifele, ob meine Kraft reicht. Wenn ich an meinem Glauben zweifele. Wenn ich an mir zweifele. Und mit Gott hadere.

Ich kenne Jakobs Unerbittlichkeit. Dieses hartnäckige Ringen um inneren Frieden, der mehr als Hoffnung ist, das starrköpfige Einfordern von Gnade, die Segen bringt. All das ist mir vertraut.

Dann kann auch mir eine Kraft zuwachsen, die ich mir vorher nicht vorstellen konnte. Wie den dreien. Und ich weiß, dass die Kraft, die mich stärkt, nicht meine ist. *Denn dein ist die Kraft.*

Dann habe ich Kraft. Mehr, als ich habe.

*

Und so bete ich:

Dein ist das Reich, das nicht erst kommt.
Dein ist das Reich, das schon in mir ist.
Dein ist das Reich, in dem ich wohne.
Denn du bist das Reich,
das erstrahlt – in Herrlichkeit.
Und du bist das Reich,
das besteht – in Ewigkeit.

Dein ist die Kraft, die du mir gibst.
Das ist die Trotzkraft, die ich habe.
So habe ich Kraft, mehr, als ich habe.
Denn du bist die Kraft,
die herrlich ist.
Und du bist die Kraft,
die ewig hält.
Dein ist das Reich und die Kraft.
In meinem Leben.
Heute, morgen und für immer.

Und die Herrlichkeit in Ewigkeit

Und die Herrlichkeit in Ewigkeit, Amen. Damit endet das Vaterunser.

Es ist, als würde sich der ganze Jubel des Lobpreises in dieser Herrlichkeit bündeln. Wie eine Freude, die ewig währt. Wie ein Glück, das keine Grenzen kennt. Es ist die Begeisterung darüber, dass Gott da ist. In Ewigkeit. Es ist, als würde am Ende stehen: Jetzt weiß ich es. Daran glaube ich. So ist es. Amen!
Ist damit alles gut?
Und damit auch alles wieder gut?
Stimmt das Amen?

Nebel = Leben

Ich bin froh, dass ich nicht auf mich gestellt bin, wenn ich das Vaterunser bete, dass ich nie allein damit bin. Dass Gott bei mir ist und mich durch das Vaterunser führt. Ich kann es beten und ihn fragen. Das werde ich sicher auch in Zukunft tun, wenn ich etwas nicht verstehe oder nicht glauben kann. Mit neuen Fragen, vielleicht auch wieder mit den alten.

Bitte um Bitte habe ich erwogen. Ich irrte durch das Vaterunser, manchmal verirrte ich mich darin. Und stocherte im Nebel des Gebetes. Bis ich auf Antworten stieß. Antworten auf meine Fragen. Antworten auf das Drängen meiner Sehnsucht. Antworten für mein Leben.

Und auf einmal sah ich, dass Nebel rückwärts Leben heißt.

Das Vaterunser ist Leben. Es atmet und belebt mich. Es ruft mich und erhebt mich. Zu Gott. Zu ihm, dem meine Sehnsucht gilt. Zu ihm, nach dem ich Heimweh habe. Zu Gott, der meine Heimat ist.

Meine Sehnsucht liegt im Vaterunser. Die ganze Sehnsucht meiner Seele steckt darin, vom *Vater unser* am Beginn bis zu seinem Schluss, *in Ewigkeit*. Dort, im Gebet, trifft sie auf Gott. Und nun, da ich beim *Amen* angekommen bin, wende ich mich mit einer Bitte an ihn, die nicht von Jesus stammt. Sondern von mir:

Abba, lieber Vater,
da bin ich mit meiner Sehnsucht.
Nimm sie und mein Gebet.
Beides gebe ich nun ab.
Beide lege ich in deine Hand.
Ich kann nur beten,
mehr kann ich nicht.
Jetzt ist es an dir.
Sei du bei mir.

Und es fühlt sich kein bisschen seltsam an. Weil ich weiß, dass er mir hilft. Dass er, der Ich-bin-da, bei mir ist und mich nicht im Stich lässt.

So fällt das große Gebet vom Vaterunser auf den Boden meines kleinen Lebens. Und verändert es.

Ende gut, alles gut ...

Natürlich kommen die Fragen trotzdem wieder. Und auch die Traurigkeit ist nicht auf einmal fort. Solange ich lebe, bleibe ich ein Mensch. Anfechtbar und angreifbar, verzweifelt und verletzlich, schwach und schuldbeladen. Darum werde ich immer das ganze Vaterunser beten und nicht nur den Schluss mit seinem Reich und seiner Kraft, mit seiner Herrlichkeit in Ewigkeit. Und mit dem Amen. Denn die Bitten im Vaterunser sind auch meine Bitten. Alles trifft auf mich zu.

Solange ich lebe, werde ich täglich das Brot brauchen, das himmlische Brot von Gott. Die Einsicht, die mir fehlt, und die Gnade, die von ihm kommt. Den Mut, nicht aufzugeben, und den Glauben, den Gott mir schenkt. Das Leben, das Gott mir gibt, und das Licht, das in mir leuchtet. Die Kraft, die von ihm kommt, und die Zuversicht, die ich benötige. Der Schutz, ohne den ich nicht leben kann, und die Worte, die mich trösten.

Solange ich lebe, werde ich Schuld auf mich laden und auf Gottes Vergebung hoffen. Werde ich mich sehnen nach einem reinen Herzen und einem neuen, beständigen Geist. Mich danach sehnen, dass Gott mir nicht zürnt. Und danach, in Gottes Herz zu sein, noch vor meinen Fehlern.

Solange ich lebe, werde ich versuchen, anderen zu vergeben. Ich bitte, dass Gott mir meine Schuld vergibt, damit ich Schuld vergeben kann. Ich hoffe, dass er mir auch dann vergibt, wenn ich nicht vergeben kann.

Solange ich lebe, werde ich Versuchungen erliegen. Darum werde ich Gott immer bitten, mich davor zu bewahren. Ich werde auch immer beten, dass er mich in der Versuchung führt, wenn ich in ihr feststecke. Und mich aus meinen Versuchungen herausführt. Meine größte Bitte aber bleibt, dass er mich in Versuchung führt, mich lockt, ihm zu vertrauen und an ihn zu glauben. Das ist mein größter Wunsch. Noch vor den anderen.

Solange ich lebe, werde ich Gott bitten, mich von dem Bösen zu erlösen. Es ist die Sorge, mich nicht ändern zu können.

Es ist die Not, in der ich bin. Es ist die Furcht, die in mir ist. Es sind die Fragen, die zu nichts führen. Es ist der Zweifel, der mich quält. Solange ich lebe, werde ich Gott auch darum bitten, mich von mir zu erlösen. Zu ihm. Zu ihm in seiner Herrlichkeit in aller Ewigkeit.

Solange ich lebe, werde ich das Vaterunser mit seinen Bitten brauchen. Weil ich ein Mensch bin und kein Übermensch.

Solange ich lebe, werde ich Sehnsucht haben. Es ist der Friede Gottes, nach dem ich mich sehne; ein Frieden, den nur er mir geben kann. Mit seinem Frieden in Frieden zu sein, ist mein größtes Glück – und meine größte Hoffnung. Denn von Dauer ist er nie. Immer wieder funkt mein Leben dazwischen und vertreibt ihn. Darum habe ich Augustinus' Satz an den Anfang dieses Buches gestellt: „Unruhig ist mein Herz, bis es ruht in dir." Die Sehnsucht hört nicht auf, solange ich lebe. Doch das beunruhigt mich nicht. Denn solange ich Sehnsucht habe, weiß ich, dass ich lebe; dass ich lebe, um bei Gott zu sein.

Wenn ich beim Vaterunser vor Gott trete, so wie ich bin, mit meinen Bitten und Fragen, mit meinem Suchen und meiner Sehnsucht, ist am Ende vielleicht wirklich alles gut. Weil ich weiß, dass er mich kennt. Und mich nicht aufgibt.

Glaubst du das?

Und wenn ich dann abermals beginne zu hadern, mit mir und meinem Glauben und mit Gott, fällt mir hoffentlich die schon im Vorwort erwähnte Geschichte von Lazarus' Auferweckung wieder ein. Als Jesus zu Lazarus' Schwester Marta sagte: *Ich bin die Auferstehung und das Leben. Wer an mich glaubt, wird leben, auch wenn er stirbt, und jeder, der lebt und an mich glaubt, wird auf ewig nicht sterben.* Und dann diese Frage stellte: *Glaubst du das?* (Joh 11,26) Und Marta glaubte. Und dann ging Jesus zum Grab und rief: *Lazarus, komm heraus!* Und Lazarus kam heraus.

Dieses „Glaubst du das?" ist und bleibt für mich erlösend. Jesus setzt mich nicht unter Druck. Er lässt mir Zeit, weil er meine Zweifel genauso kennt wie meine Unsicherheit. Mit diesen drei kleinen Worten befreit er mich davon. Genauso gibt er mir die Freiheit, das Gebet, das er uns gelehrt hat, in Frage zu stellen. Denn eines ist gewiss: Auch wenn ich das Vaterunser täglich bete, alltäglich wird es für mich nie sein.

Mit der Frage *Glaubst du das?* erlöst Jesus mich von mir. Hin zu ihm. Nur darum muss ich beim Vaterunser nicht schweigen. Und kann es beten, ohne zu lügen.

Gott urteilt nicht über mich. Er verurteilt mich nicht, weil ich unvollkommen bin und oft nichts verstehe, wenn ich bete. Wenn ich frage und die Sehnsucht mich überkommt und ich mit meinem Glauben unzufrieden bin, so dass ich ins Schleudern gerate und verzweifle. Er kennt das alles. Er nimmt mich, wie ich bin. Er nimmt mich an. Er ist bei mir. Und bleibt bei mir.

Darum kann ich auch beten, wie Jesus es uns aufgetragen hat: nicht an einer Straßenecke, damit die Leute mich sehen. Sondern in meiner Kammer, mit verschlossener Tür. Im Verborgenen. Zu Gott, der im Verborgenen ist. Zu Gott, der mich nicht erst erhört, wenn ich viele Worte mache wie die Zöllner, was mir ohnedies nicht liegt, wenn ich bete.

Ich bete das Vaterunser, obwohl Gott weiß, was ich brauche, noch ehe ich ihn bitte. Ich bete es, weil *ich* die Worte brauche. Ich kann ihm alles sagen. Und ihn auch immer alles fragen. Ihm kann ich meine Sorgen anvertrauen. Denn er sorgt für mich.

> Wie auf einer Himmelsleiter steigt mein Vaterunser auf zu Gott. Und herab steigt sein Erbarmen. (Augustinus)

Das große Finale: die Herrlichkeit

In diesem Vertrauen schaue ich auf den Schluss des Gebetes: auf Gottes Reich und seine Kraft. Auf seine Herrlichkeit in seiner Ewigkeit. Und auf das Amen.

Das ist Gottes Reich, das hell erstrahlt.

Es ist sein Reich, das mir Erfüllung ist. Sein Reich, das nicht erst kommt, sondern schon begonnen hat. Es ist das Reich, das er mir schenkt. Es ist das Reich, das in mir ist. Es ist sein Reich, in dem ich lebe. Heute, morgen und für immer. Hier auf Erden. In meinem Leben. Und dereinst in seinem Himmel. Es ist sein Reich und nicht meines.

Das ist Gottes Kraft, die ewig währt.

Es ist seine Kraft, die mich umfängt. Es ist seine Kraft, die in mir ist. Es ist seine Kraft, die mir zur Trotzkraft wird, mit der ich mehr erreichen kann, als ich allein erreichen kann. Es ist seine Kraft, die er mir gibt. Dann habe ich Kraft, mehr, als ich habe. Es ist seine Kraft und nicht die meine.

Das ist Gottes Herrlichkeit. In aller Ewigkeit.

Das ist seine Herrlichkeit: Gott ist besonders. Er hat Gewicht. Denn er ist wichtiger als alles andere. Er ist der Schöpfer meines Lebens und der Abba in meinem Gebet. Er ist im Himmel und auf Erden. In jedem Atemzug, bei Tag und Nacht.

Das ist seine Herrlichkeit: Gott ist erstaunlich. Denn er überrascht mich immer wieder. Er ist da, ob ich schlafe oder wach bin. Er ist da, ob ich an ihn denke oder nicht. Er ist da, wenn ich ihn vergesse. Er ist da, wenn ich nicht glaube. Er ist sogar da, wenn ich glaube, dass er nicht da ist; wenn ich nicht mit ihm rechne. Er hilft mir, wenn ich nicht weiterweiß. Er hilft mir auf, wenn ich am Boden bin. Ich bin durch ihn die, die ich bin. Ich bin durch ihn. Ich bin die Ich-bin, weil er der Ich-bin-da ist.

Das ist seine Herrlichkeit: Gott ist groß. Denn Gott *ist* groß. Er ist größer als mein Glaube. Er ist mehr als jede Anrede, mehr als das ganze Vaterunser, viel mehr als jedes Wort, auch als das Wort *Gott*. Er ist größer als alles, was es gibt. Er ist weiter als der Himmel, „groß, voll herrlicher Verhaltung, ein Vorrat Raum, ein Übermaß von Welt", wie Rainer Maria Rilke einst so wunderbar schrieb. Er ist weiter als der Horizont, weiter als die Sonne und jeder Stern am Firmament und sehr viel weiter, als man mit dem James-Webb-Teleskop erspähen kann.

Auch das ist seine Herrlichkeit: die Ewigkeit. Denn Gott ist ewig.

Die große Fanfare: die Ewigkeit

Es ist Gottes Ewigkeit, der meine Sehnsucht gilt. Es ist die Ewigkeit, die schon da ist, wie der Pfarrer zum ersten Jahresgedächtnis meines Bruders Andreas sagte, eine Ewigkeit, die kein Prolog ist für die Zeit nach dem Tode, sondern sich in meiner Welt ereignet. Und die Ewigkeit im Himmel. Die, der ich erst begegnen kann, wenn ich gestorben bin.

Zu Gottes Ewigkeit will ich gehören. Ich will sie spüren, jetzt, in meinem Leben. Und nicht erst, wenn ich tot bin. Denn danach sehne ich mich nicht.

Gott ist ewig.

Er war da, bevor es Menschen gab, und er wird da sein, wenn sie nicht mehr existieren. Ehe er die Welt erschaffen hatte, „ist Gott von Ewigkeit zu Ewigkeit", heißt es in Psalm 92. *Das Gras verdorrt, die Blume verwelkt, doch das Wort unseres Gottes bleibt in Ewigkeit,* wusste schon der Prophet Jesaja. (40,8) Selbst, wenn es die Welt nicht mehr gibt, ist Gott noch da.

Ewig ist seine Gnade.

Seine Gnade währt ewig, sie währt sogar *von Ewigkeit zu Ewigkeit.* (Ps 103,17) Das ist wie eine Steigerung der Ewigkeit. Es bedeutet, dass das, was ich mir unter Ewigkeit vorstelle, bei weitem nicht an das herankommt, was Gottes Ewigkeit tatsächlich ist.

Ewig ist sein Schutz.

Der HERR behütet dich vor allem Bösen, er behütet dein Leben. Der HERR behütet dein Gehen und dein Kommen von nun an bis in Ewigkeit, heißt eines der schönsten Gebete in der Bibel. (Ps 121,7–8) Gott bewahrt mich vor dem Bösen, vor *allem* Bösen, das mir begegnet. Bei ihm bin ich geborgen. Er beschützt mein Leben, wohin es mich auch führt. Er behütet mein Gehen und Kommen, also auch mein Weggehen und mein Wiederkommen. Jetzt. Und zu aller Zeit. Sogar in Ewigkeit, in der Ewigkeit des Himmels.

Martin Luther übersetzt die Stelle ein bisschen anders: *Der HERR behüte dich vor allem Übel, er behüte deine Seele. Der HERR behüte deinen Ausgang und Eingang von nun an bis in Ewigkeit!* Ich mag den Begriff „Seele", die doch noch etwas anderes ist als das Leben, obwohl sie zum Leben gehört. Ich mag auch die Worte „Ausgang und Eingang". Denn das ist mehr als Gehen und Kommen. Ausgang heißt für mich, herauszugehen aus meinem Leben, fortzugehen und meine Seele zu verlassen.

Hinüberzugehen in den Tod. Anders gesagt, zu sterben. Eingang wiederum, einzutreten in mein Leben. Anders gesagt, geboren zu werden.

Ja, ewig ist sein Schutz. Gott behütet mich von allem Anfang an, meine Seele und mein Leben, bis zu meinem Ende auf dieser Erde, meinem Sterben. Er beschützt mich im Tod und auch danach. Es gibt keinen größeren Trost *im* Leben – auch keine größere Ermutigung *zum* Leben – als diese Zusage: ... *von nun an bis in Ewigkeit*. Auch wenn ich gern wüsste, wie es weitergeht, was wohl kommt in der Ewigkeit, die meinem Sterben folgt: Erst einmal will ich leben, behütet von Gott.

*

Ewig ist der Jubel.
Ewig der Jubel über Gottes Schöpfung. Kein Wunder, dass die Ewigkeit auch in der Schöpfung von Joseph Haydn immer wieder vorkommt.

„Der Herr ist groß in seiner Macht, und ewig bleibt sein Ruhm", singen Chor und Solisten. „Gesegnet sei des Herren Macht, sein Lob erschall' in Ewigkeit", stimmt der Chor ein wenig später ein. „Singt dem Herren alle Stimmen! Dankt ihm alle seine Werke! Lasst zu Ehren seines Namens Lob im Wettgesang erschallen! Des Herren Ruhm, er bleibt in Ewigkeit! Amen!", endet das Oratorium. Die Schöpfung ist vollbracht, die Freude grenzenlos.
Darum lobe ich seinen Namen,
denn er allein ist hocherhaben.
Die Ewigkeit ist der Tusch im Vaterunser.
Es ist Gottes Ewigkeit, in der ich leben will.

Jesus, deine Buchstaben

Erfüllt von Gottes Herrlichkeit in seiner Ewigkeit will ich das Vaterunser beten. Erfüllt von seinem Reich und seiner Kraft und dankbar, dass Gott mich durch das Vaterunser führt, kann ich beten, was ich glaube, und glauben, was ich bete.

Darum preise ich den Namen seines Sohnes Jesus, der uns das Gebet gelehrt hat.

Jesus, diesmal nenne ich dich bei deinem Namen, wie du mich einst gerufen hast bei meinem Namen. Ich stelle dich mir vor, Buchstabe für Buchstabe. Und denke dabei an dich.

Ein J
… wie Ja
… ganz lang gezogen bis in Ewigkeit
… wie Halleluja
… und das Ja
… in meinem Amen.
Das E
… wie ewig, jetzt und immerdar
… Jesus, der du einmal kamst
… und nie mehr fortgingst
… dein E ist die Erlösung.
Das S
… aus Hosianna
… gepriesen seist du, der Gesalbte
… gepriesen seist alleine du.
Ein U
… wie das Unglaubliche
… wie alles Unvorstellbare, das du mir bist
… der du die Ungeduld in mir

… verwandelst in die unendliche
… in die fast unwirkliche Geduld.
Und abermals das S
… wie meine Sehnsucht
… und dein Sieg
… das S ist wie mein Trotzdem-Suchen
… das S ist mein Sehnen nach dem Segen
… den du mir gibst
… an jedem Tag.

JESUS
Ich nenne deine Buchstaben und dich bei deinem Namen, wie du mich einst gerufen und befreit hast, hin zu dir. Denn ich bin dein. Und du bist mein.
Und darum fürchte ich mich nicht.

Mein Bekenntnis zu Gott

Meine Sehnsucht ist nicht sinnlos. Sie ist der Anfang meines Vaterunsers und auch das Amen in meinem Gebet. Darin hat sie ihren Platz.

Dort gibt es weder ein Gestern noch ein Morgen. Dort gibt es nur das Heute. Dort ist die Ewigkeit schon da, in aller Herrlichkeit. Nicht als unendliche Zeit. Sondern als zeitlose Unendlichkeit. Von Ewigkeit zu Ewigkeit.

Gott ist tatsächlich überall. Und ich bin mittendrin.

So lege ich alles in mein Amen. Ich lege es in Gottes Hand.
Mein Beten.
Meine Fragen.
Und die Sehnsucht, die ich habe.

Mein Vaterunser ist darum ein Bekenntnis. Ein Bekenntnis meines Glaubens.
Es ist mein Bekenntnis zu Gott.

Mein Vaterunser

Vater in meinem Herzen,
du kennst mein Beten, meine Fragen
und die Sehnsucht, die ich habe.
Dennoch bete ich zu dir.

Vater, du riefst mich bei meinem Namen.
Ich gehöre dir.
Nun rufe ich dich bei deinem Namen,
Abba, lieber Vater ...
Sei du der Ich-bin-da
nicht nur im Himmel,
sondern auch bei mir, auf Erden.
Abba, du bist heilig,
du bist mir heilig,
weil du meine Wunden heilst.
Dein Reich komme.
Es sei in meinem Leben.
Lass es meine Heimat sein.
Dein Wille geschehe.
Lass mich nicht fallen, sondern aufstehen.
Lass mich erkennen, was du willst.
Dein Brot erbitte ich für heute.
Das ist der Mut, nicht aufzugeben.
Und die Stärke, die von dir kommt.
Es ist das Brot der Dankbarkeit.

Mein Vaterunser

Vergib mir meine Schuld,
damit ich Schuld vergeben kann.
Lass mich in deinem Herzen sein
– vor meinen Fehlern.
Bewahre mich vor der Versuchung.
Schütze mich vor der Verzweiflung.
Führe mich in der Versuchung.
Rette mich aus ihr heraus.
In die Versuchung führe mich:
dir zu vertrauen,
an dich zu glauben.
Erlöse mich von allem Bösen.
Erlöse mich von mir zu dir.
Denn dein ist das Reich, das reich an Güte ist.
Dein ist das Reich, in dem ich wohne.
Dein ist die Kraft, die du mir gibst.
So habe ich mehr Kraft, als ich habe.
Dein ist die Herrlichkeit.
Dein ist die Ewigkeit.
Dein bin ich in aller Zeit.
Amen.

Dank

Dies ist ein Buch des frühen Morgens, ein Sonnenaufgangsbuch. Da habe ich geschrieben. Dem Herder Verlag ist zu verdanken, dass es veröffentlicht ist – und das mit einem Lesebändchen. Vielen Dank!

Christina Brudereck danke ich für das Wort „Trotzkraft", das ich mir heimlich ausgeliehen habe; Alois Emslander fürs Begleiten, Beten und Beleuchten; Stephan Wahl für seinen ungeschminkten Psalm.

Mein Dank gilt Simon Biallowons, der mit Humor und mit Bedacht beim Sortieren der Gedanken half, als sie anfingen, in mir zu brodeln. Mein Dank gilt ebenso Johanna Oehler, die immer kenntnisreich, geduldig, professionell und heiter auf das Ganze schaute. Und auf jedes Wort.

Margarita Chiari danke ich fürs Gegenlesen. Aber nicht nur. Ihr danke ich fürs Immer-da-sein ... und ... und ...

Quellen und Literatur

Bibelübersetzung
Einheitsübersetzung der Heiligen Schrift, vollständig durchgesehene und überarbeitete Ausgabe © 2016 Katholische Bibelanstalt, Stuttgart. Alle Rechte vorbehalten.

Textauszüge (alphabethisch)
Lukas Bärfuss, Koala. © 2014 Wallstein-Verlag, Göttingen
Christina Brudereck, Trotzkraft. Gedichte, Notizen, Essays, Gebete. © 2021 2Flügel Verlag, Essen
Gemeinde Oberammergau (Hrsg.), Passionsspiele Oberammergau 2022, Textbuch. © 2022 Gemeinde Oberammergau
Gotteslob, Katholisches Gebet- und Gesangbuch, Ausgabe für die Erzdiözese München und Freising. © 2015 Katholische Bibelanstalt, Stuttgart
*Herz*Töne, Liederbuch zum 33. Deutschen Evangelischen Kirchentag, Dresden 2011. © 2011 Strube Verlag, München und 33. Deutscher Evangelischer Kirchentag e.V., Dresden
Andreas v. Kreta, Gebet: Wie die unter die Räuber Gefallene bin ich, zitiert nach Fra' Georg Lengerge, https://www.betdenkzettel.de
Ferdinand von Schirach, Der Fall Collini. © 2011 Piper-Verlag, München
Stephan Wahl, Erwarte von mir keine frommen Sprüche. Ungeschminkte Psalmen. © 2022 Echter Verlag, Würzburg

Quellen und Literatur

Wir danken für die folgenden Abdruckgenehmigungen:

S. 35: Robin, Gebet: Gott, ich habe Angst. 21. Juni 2022. Mit freundlicher Genehmigung von @einsRotkehlchen https://twitter.com/einsRotkehlchen/status/1539312599124258816 (abgerufen am 16.12.2022)

S. 78: Die Himmel erzählen (Refrain), Text: Jan Janssen, Musik: Fritz Baltruweit, aus: Wohin der Wind dich weht, 2008, © tvd-Verlag Düsseldorf

S. 106: Da wohnt ein Sehnen tief in uns
Text und Musik: Anne Quigley, dt. Text: Eugen Eckert, Originaltitel: There Is A Longing, © 1992 OCP Publications
Für D,A,CH: Small Stone Media Germany GmbH